KB216149

# 一笑日樂

한 번 웃으면 하루가 즐겁다

一笑日樂 한 번 웃으면 하루가 즐겁다

초판 1쇄 발행 2020년 1월 20일

엮은이 지혜 스님
펴낸이 이규만

디자인 B&D
펴낸곳 불교시대사

출판등록 1991년 3월 20일 제1-1188호
주소 (우)03149 서울시 종로구 인사동 7길 12 백상빌딩 1305호
전화 02-730-2500
팩스 02-723-5961
이메일 kyoon1003@hanmail.net

ISBN 978-89-8002-159-8 03220

# 一笑日樂

한 번 웃으면 하루가 즐겁다

지혜스님 엮음

불교시대사
1% 나눔의 기쁨

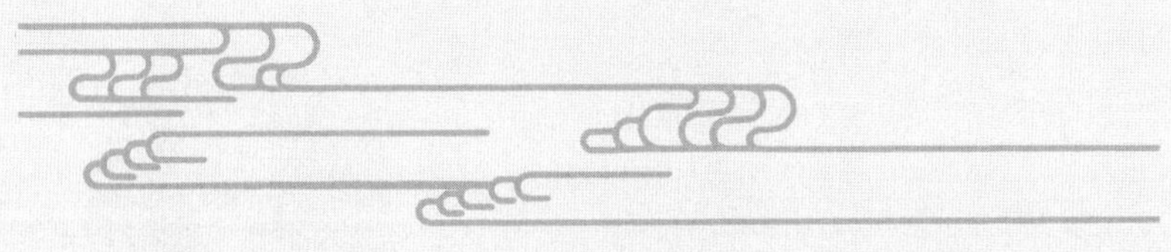

# 머 · 리 · 말

최근 외신보도에 의하면 미국에서 가장 잘 팔리는 책들 가운데 상당수가 불교에 관한 것이라고 한다. 기독교를 문화적 토대로 하고 있으며 자본주의와 물질문명이 극도로 발달한 미국에서 불교가 커다란 관심을 끌고 있다는 것은 상당히 중요한 의미를 갖는다.

서양에서는 이미 오래 전부터 물질문명의 발달로 인한 인간소외 · 환경오염 등 사회병리현상이 심화되면서 불교가 그 치유책 내지는 대체사상으로서 크게 부각되어 온 것이 사실이다. 그런데 정작 불교 전래 1600여 년의 역사를 자랑하는 우리나라에서는 그리 크게 사회적으로 주목받지 못하고 있다. 그 이유는 어디에 있을까. 불교가 늘 우리 곁에 가까이 있었으나 역설적으로 그 실체는 너무 떨어져 있었기 때문은 아닐까 생각해 본다.

예컨대 불교를 흔히 철학적인 종교라고 한다. 이는 불교가 여타의 종교와는 달리 맹목적인 감정에 호소하기보다는 냉철한 이성의 눈으로 인간과 우주를 바라본다는 면에서 옳은 지적이다. 그러

나 한편으로 '철학적'이라는 수식어는 불교가 너무 어렵다거나 지나치게 이론적이라는 부정적인 평가를 함축하고 있음도 사실이다. 편자는 포교 일선에서 이를 피부로 실감하고 있다. 몇 년씩 절에 다닌 신도들도 법당에 들어가서 절을 하면 마음이 경건해지고 편안해지지만 불교가 무엇인지 알 수 없다고 실토하는 실정이다.

사실 방대한 분량의 경전과 서로 상반되게 보이기까지 하는 교리체계는 일반인들로 하여금 불교가 쉽게 접근할 수 없는 종교라는 인식을 심어주기 십상이다. 게다가 불교공부에 대해서도 어떤 사람은 경전을 읽어야 한다고 하고 또 다른 사람은 참선을 해서 마음자리를 깨치면 될 뿐 그 밖의 것은 필요 없다고 한다. 그런가 하면 지극한 마음으로 기도·염불하는 것이 최선이라고 주장하는 사람도 있다. 이것은 한국불교의 특징인 통불교(通佛教)적인 면모로서 각각 나름대로 타당성이 있기는 하다. 그러나 일반인에게는 불교가 무엇인지 종잡을 수 없게 하는 요소임에 틀림없다.

그러면 불교를 공부하는 최선의 방법은 무엇인가. 불교는 부처님의 가르침(佛教)이다. 그 가르침을 고스란히 담고 있는 것이 경전이다. 따라서 부처님의 가르침을 바로 알고 싶으면 경전을 읽는 것이 가장 쉬운 지름길이다.

그러나 방대한 경전을 모두 읽는 것은 사실상 불가능하다. 그래서 여러 경전에서 불교의 에센스에 해당하는 부분을 가려 뽑은 뒤 간결한 해설을 덧붙였다. 특히 우리가 일상생활에서 쉽게 보고 느끼고 수긍할 수 있는 내용이 풍부한 원시불교 경전을 위주로 뽑았다. 이들 경전은 부처님 재세시의 불교의 원형을 잘 간직하고 있거니와 쉬운 것부터 차근차근 익혀 기초가 튼튼해진 다음에야 수준 높은 것을 무리 없이 이해할 수 있기 때문이다.

이 책은 쉽게 읽을 수 있는 것이기는 하나 급하게 읽을 책은 아니다. 불교는 단번에 훌쩍 건너뛸 수 있는 개울물 같은 것이 아니다. 그렇다고 돌격대 식으로 완전무장하고 덤벼든다고 하여 건널 수 있는 것도 아니다. 산책하듯 넉넉하고 느긋하게, 그러나 게으름 피우지 않고 노를 젓다보면 아득하게만 보였던 섬이 코앞에 다가온다. 불법의 바다는 그렇게 건널 수 있다. 그러므로 천천히 음미하듯 읽되 지루하다 싶으면 그냥 덮으면 된다. 그리고 시간이 나면 다시 읽으면 된다. 그러는 사이에 저절로 불교가 이런 것이구나 하고 느낄 것이다.

끝으로 이 책의 출판을 위해 애쓴 불교시대사 편집진에게 감사의 마음을 표하며 이 작은 책이 인생을 진지하게 생각하는 이들을 불법의 바다로 인도해 주는 조그마한 나룻배가 될 수 있기를 바란다.

불기 2564년 봄

지 혜 합장

# 목 · 차

## 둘째 마디 》 지혜의 나룻배를 타고

## 셋째 마디 》 화합의 그늘에 앉아

첫째 마디

# 거룩한 부처님을 만나

비록 얻은것이 없다 할지라도

보라, 우리들은 즐겁게 살고 있도다 우리들에게 비록 양식이 없다 해도

저 광음천(光音天)과 같이 기쁨을 양식 삼아 살리라

(걸식경)

# 귀 있는 자 들으라

'지금 내가 깨달은 법은 극히 미묘하고 심원하여 사람들이 쉽게 이해하지 못할 것이다. 또 만약 내가 법을 설한다 해도 사람들은 내 말을 이해하지 못하여 다만 피로해지고 곤경에 빠지고 말 것이다.'

부처님은 가야(伽耶) 지방의 보리수 밑에서 깨달음을 얻은 후 네란자라 강기슭의 숲에서 정좌하고 명상에 잠겨 있을 때 문득 이러한 생각에 사로잡혔다.

부처님의 마음은 차츰 회의 속으로 빠져 들어갔다. 그것은 부처님에게 있어서 하나의 위기였다. 깨달음이 아무리 훌륭한 것이라 할지라도 그것이 다른 사람들에게 이해받지 못한다면 다만 부처님 개인의 마음속에 감추어진 채 끝내는 세상에서 사라져 버릴 수밖에 없기 때문이었다. 그렇다면 깨달음은 결국 현실 세계에서 성립되지 못하고 마는 것이다.

그러나 마침내 부처님은 마음을 돌이켜 전도설법(傳道說法)의 결의를 굳히기에 이른다. 이 과정을 《율장(律藏)》〈대품〉은 '범천(梵天)의 권청(勸請)'이라는 신화적 수법으로 묘사하고 있다. 이에 따르면 범천은 생각에 잠긴 부처님의 마음을 알고 "그러면 이 세계는 멸망하고 말 것입니다."라는 근심어린 천상의 음성을 보낸다.

그리고 설법 · 전도를 권하기 위해 부처님 앞에 그 모습을 나타내어 예배하고 말한다.

"세존이시여, 법을 설하소서. 이 세계에는 눈이 먼지에 덜 덮인 사람들도 있으니 그들이 법을 듣는다면 깨달음을 얻을 수 있을 것입니다."

부처님은 사람들에 대해 자비심을 일으키고 다시 한번 마음의 눈으로 세상 사람들의 모습을 관찰했다. 이때 부처님의 마음의 눈에 비친 세상 사람들의 모습을 증일아함 〈권청품〉에서는 연못 속의 연꽃으로 비유하고 있다.

"연못 속에는 청련(青蓮) · 홍련(紅蓮) · 백련(白蓮)의 꽃들이 줄지어 피어 있다. 그중 어떤 꽃은 진흙 속에 파묻힌 채 꽃을 피우고 있고, 또 어떤 것은 겨우 수면에 얼굴을 내밀어 꽃을 피우고 있다. 그리고 수면에서 고개를 솟구쳐 꽃을 피워 진흙 속에 살면서도 진흙의 더러움에 물들지 않은 것도 있다."

부처님은 세상 사람들의 이 같은 모습을 관찰하고 마침내 열반의 그날까지 설법 · 전도의 길을 나서기에 이른다.

"이제 감로(甘露)의 문을 열리라. 귀 있는 자는 들으라. 낡은 믿음을 버려라."

# 처음도 중간도 끝도 좋은 설법

《대품반야경(大品般若經)》에 "처음도, 중간도, 끝도 참되게 의리(義理)와 문구(文句)를 갖춘 법을 설하라."라는 구절이 있다.

반야계(般若系)의 여러 경전에는 이와 똑같은 또는 비슷한 문구가 자주 나오는데 한역의 경전에서는 '초중후선(初中後善)'이라는 하나의 숙어로 등장한다. 부처님의 설법은 그 처음도, 중간도, 끝도 또한 참된 것이며, 시종일관해서 그 사이에 조금도 모순이 있어서는 안 된다는 것을 의미한다. 이와 함께 부처님의 설법을 듣는 자는 아무쪼록 참된 것으로 받아들이는 태도를 가져야 한다.

의리 · 문구를 갖춘 법이란 뜻이 깊고 말에 지나침이나 모자람이 없는 완전한 진리의 가르침이라는 뜻이다. 이것은 물론 부처님의 설법에 관한 이야기지만 동시에 우리들이 불법을 설할 때 지켜야 할 것들에 대한 엄격한 충고이기도 하다.

대부분 우리들의 말은 처음에는 올바르지만 중간이나 끝까지 참된 경우 즉 유종(有終)의 미를 거두는 경우는 매우 적다. 그리고 처음도, 중간도, 끝도 참되지 못한 말이 허다하다.

정치가의 공약, 매스컴의 무책임한 말의 홍수 등 현대 사회에서는 '처음도, 중간도, 끝도 참된' 진실한 말은 날이 갈수록 적어지고 있는 것 같은 느낌이 든다.

본래 종교의 세계는 어떠한 외적인 힘에 의해서 지배당하거나 영향을 받을 수 없는 내면적인 마음의 영역을 주축으로 삼고 있다. 따라서 종교적 진리를 표현하는 말에는 세속적인 말과 같이 거짓이 있을 수가 없으며, 또 있어서도 안 된다.

흔히 '염불은 물에도 흘러가지 않고 불에도 타지 않는다'라는 말이 있듯 종교의 말은 신념이 있고 참된 것이어야 한다.

비록 단순한 말 한마디를 할지라도 그것이 종교적 진리를 표현하는 것이라면 그 의미는 세속적인 일상 언어와는 다른 차원의 상징적인 진리가 간직되어 있어야 하는 것이다. 그러할 때 비로소 처음도 중간도 끝도 참되다는 말이 생명력을 갖는다.

# 그릇에 따라 물 모양이 달라진다

부처님의 설법을 흔히 '대기설법(對機說法)' 또는 '응병여약(應病與藥: 병에 따라 약을 준다는 뜻)'이라고 한다. 법을 듣는 상대에 따라 설법을 달리한다는 말이다.

이것은 '법(法)' 즉 진실이 갖는 보편성과 '기(機)' 즉 그 진실을 받아들이는 사람의 특수성과의 상관관계를 나타내는 가장 대표적인 말로서 널리 쓰이고 있는데, 과연 '법(法)'은 '기(機)'에 따라서 그 형태를 바꾸는 것일까. 그렇게 형태를 바꾸는 것이 법의 이름으로 가능한 것일까.

《유마경》에 나오는 "부처님은 한결같은 일음(一音)으로 법을 설하신다. 중생은 처지에 따라 각각 법을 이해한다."라는 구절은 이와 같은 '기'를 앞세우는 '법'의 파악에 대해 하나의 중요한 반성을 촉구하는 말이라고 할 수 있다.

부처님이 설하시는 '법'은 지금까지 한 번도 때와 장소에 따라서, 또는 듣는 상대방에 따라서 달라진 일이 없었다. 그것은 항상 한결같고 변화가 없는 '일음'이었다. 그러나 그것을 받아들이는 쪽의 능력 · 상태 · 열의는 항상 같을 수가 없다.

예컨대 어떤 사람은 열 개의 능력을 갖추고 있는가 하면 또 다른 사람은 다섯 또는 세 개 정도의 능력 밖에 갖고 있지 못하는 경우도 있다. 따라서 한결같이 설법된 부처님의 가르침도 받아들이는 사람들의 힘과 능력에 따라서 열의 내용으로 또는 다섯, 셋의 내용으로도 받아들여지는 것이다.

'물은 그릇에 따라 그 모양이 달라진다'라든지 '게는 자기의 몸 크기에 맞추어 구멍을 판다'라는 말도 있다. 이 세계에 존재하고 있는 '법'은 일정하지만, 받아들이는 쪽에 크고 작음, 많고 적음의 차이가 있어 법을 제 나름대로의 입장, 각각의 역량에 따라서 받아들인다는 해석은 '법'과 '기'의 기본적 관계를 갈파한 말로서 재평가해야 할 대목이다.

이러한 대기설법의 전형적인 예로서 주리반특(周利槃特)의 해탈에 관한 이야기가 있다. 천성이 아둔한 주리반특은 형인 마하반특과 달리 부처님이 주신 게송을 도저히 이해하지 못하여 깨달음을 얻을 수가 없었다.

그가 절망한 나머지 수행을 포기하려고 할 때 부처님은 그에게 새롭고 특이한 수행방법을 주셨다. 그것은 헝겊으로 신을 닦을 때마다 "먼지를 털고 망집을 털어 버리자."라는 말을 되풀이하라는 것이었다.

주리반특이 이 말을 되풀이하면서 먼지 터는 동작을 반복하는 동안에 그는 마음속에 켜켜이 쌓여 있는 먼지 즉 번뇌를 낱낱이 볼 수 있게 되었다. 마침내 그는 그것을 털어버리고 깨달음을 얻었다.

# 옛사람이 걷던 길

부처님은 때때로 비유를 통하여 법(法)을 설했다. 특히 잡아함 《성읍경(城邑經)》은 부처님이 깨달은 법이 어떤 것인지를 비유로써 간명하게 설명하고 있다.

"비구들이여, 예를 들어 보겠다. 어떤 사람이 인적이 드문 숲속을 헤매다가 뜻하지 않게 옛 사람들이 다니던 길을 발견했다고 하자. 그가 그 길을 따라 한참 가다 보니 거기에는 옛사람들이 살던 오래된 성(城)이 있었다. 그 둘레에는 숲이 우거진 정원과 아름다운 연꽃이 핀 연못이 있어 더할 나위없이 훌륭했다.

그는 이곳이 지금의 도성이 있는 곳보다 경관이며 입지가 훨씬 훌륭한 것과 이미 이러한 곳을 발견하고 도성을 세웠던 옛 사람들의 탁견과 지혜에 감복했다.

그는 왕에게 돌아와서 그 모습을 보고하고 그곳에 다시 도성을 짓자고 간청했다. 왕은 그의 말을 듣고 매우 기쁘게 생각하고 신하들에게 명령하여 그곳에 성을 쌓게 하였다. 그 후 많은 사람들이 모여서 날로 번창하게 되었다고 한다."

부처님은 제자들을 둘러보며 비유의 본론을 설하기 시작했다.

"비구들이여, 바로 이와 마찬가지로 나 또한 과거에 깨달은 이들이 다녔던 옛 길을 발견한 것이다. 그렇다면 비구들이여, 과거의 깨달은 이들이 다녔던 옛 길은 어떤 길인가. 그것은 성스러운 팔정도(八正道)[1]의 길이다.

들어라 비구들이여, 나는 그 길을 따라 나가서 늙음과 병듦과 죽음의 길을 알게 되었고 그것이 어디에서 오는가를 알았다. 또 어떻게 해야만 그것을 극복하는가를 깨달았다.

비구들이여, 나는 태어남과 늙음과 병듦과 죽음의 세계를 극복하는 법을 알게되자 비구 · 비구니 그리고 재가의 사람들에게 가르쳤다. 이렇게 하여 이 길은 많은 사람들에 의해 널리 퍼지고 번창해서 오늘에 이르게 된 것이다."

---

1) 팔정도(八正道): 팔지도(八支道) 또는 팔성도(八聖道)라고도 하는데 불교의 수행실천을 위한 정견(正見: 바른 견해) · 정사(正思: 바른 사유) · 정어(正語: 바른 말) · 정업(正業: 바른 행동) · 정명(正命: 바른 생활) · 정정진(正精進: 바른 노력) · 정념(正念: 바른 새김) · 정정(正定: 바른 정신통일)의 여덟 가지 항목을 뜻한다.

불교 곧 부처님이 깨달은 생로병사에서 해탈하는 길은 인간의 영원한 길 바로 그것이다. 이 길은 부처님에 의해서 밝혀졌고 설법되었다. 그러나 부처님은 비유를 통해 자신은 다만 과거의 깨달은 이들이 다녔던 옛 길을 발견한 데 불과하다고 설한다. 또한 부처님 개인이 만든 길이 아니라고 강조하고 있다.

이는 역설적으로 부처님의 법이 특정인에게만 이해될 수 있는 한정적인 가르침이 아니라 만인이 공감할 수 있는 보편적인 것이며 시간의 제약을 받지 않는 영원한 것임을 천명하고 있는 것이다.

# 여래는 진리로써 인도한다

부처님이 라자가하(王舍城)에서 전도를 시작한 지 얼마되지 않을 무렵이었다. 당시 라자가하 사람들 사이에는 불안감이 싹트고 있었다. 당시 양가의 자제들이 끊임없이 부처님을 따라 출가하여 마을에는 아녀자들만 남게 되었기 때문이다. 귀한 자식들이 출가하는 것을 본 부모들은 '사문 고타마가 우리 아들을 빼앗아 갔다'고 생각했고 사랑하는 남편의 출가를 본 아내들도 '사문 고타마가 내 남편을 빼앗아 갔다고 생각했다. 이러한 일이 자주 일어나고 보니 '사문 고타마가 집안을 멸망시킬지도 모른다'는 불안이 싹트기에 이른 것이다.

그 무렵 부처님과 그 제자들은 라자가하에 도착하여 교외에 있는 벨루바(竹林)에 머물고 있었는데 라자가하로 들어가 탁발을 하려고 하면 불평과 수군거리는 소리를 들어야만 했다. 때로는 맞대놓고 노골적으로 제자들을 비난하는 사람도 있었다. 이때의 상황을 《사분율(四分律)》은 다음과 같은 게송으로 기록하고 있다.

**마가다 국의 산골 마을에**
**큰 사문이 나타났다.**
**먼저 산자야의 무리를 꾀어 들이고**
**이제는 또 누구를 꾀어 들이려 하는가.**

여기에서 산골마을이란 라자가하를 비유한 것으로 다섯 개의 산에 둘러싸여 있기 때문이었다. 또 산자야는 그 당시 유명한 여섯 명의 사상가(이들을 六師外道라고 한다)의 한 사람이었는데 그 무렵 160명의 제자들이 한꺼번에 부처님에게 귀의했기 때문에 라자가하 사람들 사이에서 큰 화제를 불러일으키고 있었다.

부처님은 탁발 나갔다 돌아온 제자들이 전하는 이러한 말을 듣고 그들을 타이르며 말했다.

"비구들이여, 그러한 비난의 말들은 오래 계속되지 않는다. 아마 7일만 지나면 없어질 것이다. 다음에 사람들이 또 너희들을 비난하거든 이렇게 대답하거라."

그리고 부처님은 게송으로 읊으셨다.

**여래(如來)는 법으로써 인도하는데**
**법을 따르는 자를 시샘하는 자 누구인가**

여기에는 이 세계에 진리를 전파하는 자신감과 세간의 평판에 흔들리지 않는 비타협의 정신이 깃들여 있다. 제자들은 이후 비난하는 자가 있으면 이 게송으로 대답했다.

사람들은 부처님이 감언이설로 유인하는 것이 아님을 이해하게 되었고 불안은 자연스럽게 사라졌다. 라자가하는 다시 평온한 분위기를 되찾았다.

# 어리다고 얕보지 말라

사밧티 교외의 숲에 아나타핀디카(給孤獨) 장자가 부처님께 바친 기원정사가 만들어진 지 얼마되지 않은 무렵이었다. 코살라국의 파세나디(波斯匿) 왕이 이 소문을 듣고 처음으로 그 기원정사로 부처님을 찾아왔다. 그러나 삶과 죽음의 이치를 깨달았다는 수행자를 만나 보니 젊디젊은 청년이었다. 파세나디 왕은 의구심을 갖지 않을 수 없었다.

"당신은 최고의 깨달음을 얻었다고 주장하십니까?"

"대왕이시여, 그렇습니다. 만약 이 세상에서 최고의 깨달음을 얻었다고 할 수 있는 자가 있다면 그는 바로 나입니다."

부처님의 대답은 확신에 차 있었다. 그러나 왕은 '아무리 그래도 그렇지, 이 새파란 청년이'하는 생각이 가시질 않았다.

"여보시오. 많은 제자들을 거느리고 수많은 사람들로부터 스승이라고 존경받는 유명한 사문(沙門)이나 바라문이 이 세상에 적지 않소이다. 예를 들어 보면 부루나 · 카사파 · 마가리고사라 등이 그들이오. 그러나 그들에게 최고의 깨달음을 얻었는가라고 물어보면 확답을 하지 못하는데 당신은 나이도 아직 어리고 출가한 지도 얼마 되지 않았는데 어찌 그리 확신하시오?"

이때가 부처님이 깨달음을 얻고 얼마 지나지 않아서였으므로 아직 36세나 37세쯤 되었을 때였다. 그런 청년 고타마가 위없는 최고의 깨달음(無上正等覺)을 얻었다고 하므로 파세나디 왕이 의심을 품는 것도 무리가 아니었다. 부처님은 이렇게 말씀하셨다.

"대왕이시여, 젊다고 해서 없신 여겨서는 안 됩니다. 이 세상에는 업신여겨서는 안 되는 것이 세 가지 있다고 합니다. 대왕이여, 크샤트리아(王族)는 젊다고 해서 업신여겨서는 안 됩니다. 뱀은 작다고 해서 깔봐서는 안 됩니다. 불은 작다고 해서 무시해서는 안 됩니다. 마찬가지로 비구는 나이가 어리다고 해서 업신여겨서는 안 됩니다."

이 설명을 들은 파세나디 왕은 부처님에게 승복하여 그 가르침을 듣고 따르며 평생동안 변함없는 귀의자가 되었다.

잡아함《삼보리경(三菩提經)》에 실려 있는 이 이야기는 깨달은 자로서의 당당한 패기와 발랄함을 엿보게 한다.

# 바람을 향하여 흙을 던지면

불교에서는 탐욕과 분노와 어리석음을 삼독(三毒)이라고 해서 그것을 제거하도록 노력하는 것이 일상생활의 가장 기본적인 덕목으로 되어 있다. 그중에서는 진에(瞋恚) 즉 분노를 없애는 것이 가장 어렵다. 단 한 번 분노를 삭이지 못해 뱀으로 태어났다는 설화도 있거니와 이 분노에 대해 잡아함 《진매경(瞋罵經)》은 다음과 같은 이야기를 전하고 있다.

부처님이 사밧티 교외에 있는 미가라마타 정사에 머물고 있었을 때의 일이다. 부처님은 전날과 같이 아침 일찍 모습을 단정히 하고 성내에 들어가 탁발을 하고 있었다. 그때 한 바라문이 이를 보고 가까이 다가왔다.

당시 바라문들은 새로운 세계관과 그 수행을 전하는 부처님에게 매우 좋지 않은 감정을 품고 있었는데 그도 그러한 사람 중의 하나였다.

부처님에게 가까이 다가선 그는 큰 소리를 지르며 부처님에게 욕을 퍼붓기 시작했다. 그러나 부처님은 태연하게 하던 탁발을 계속하였다. 이것을 보고 그는 더욱 화가 나서 근처에 있는 흙을 한줌 쥐어서 부처님에게 뿌렸다. 그러나 때마침 바람이 그 바라문 쪽으로 불어 던진 흙이 그의 얼굴을 덮쳤다. 당황해서 어찌할 줄을 모르는 그를 향해 부처님은 다음과 같이 말씀하셨다.

**만약 사람들이 까닭도 없이 욕하며**
**큰 소리로 순결한 자를 더럽히려고 하면**
**그 악이 그에게 돌아가리라.**
**흙을 그 사람에게 던지면**
**바람이 거슬러서 스스로를 더럽히는 것과 같이.**

부처님의 가르침을 듣자 그는 얼른 제정신으로 돌아와 고개를 숙이며 말했다.

"세존이시여, 제가 잘못했습니다. 세존의 면전에 그처럼 욕을 퍼부은 것은 참으로 어리석은 일이었습니다."

그는 가르침을 듣고 기쁘게 돌아갔다.

# 노여움은 나의 것이 아니다

부처님이 라자가하의 죽림정사에 있었을 때였다. 당시 부처님의 제자 중에는 바라문 출신들이 많았다. 이들이 제자가 되기 이전에는 부처님과의 첫 대면에서 욕을 하거나 난폭한 행동을 서슴지 않기도 했다. 다음은 잡아함 《비의진매경(卑疑瞋罵經)》에 있는 이야기이다.

어느 날 한 바라문이 성난 얼굴로 고함을 지르며 정사 안으로 들어왔다. 그의 동족 한 사람이 부처님의 제자로 출가한 것에 격분해 있었다.

부처님은 그가 내뱉는 차마 입에도 담지 못할 정도의 욕지거리를 잠자코 듣고 있다가 약간 조용해진 틈을 타서 물었다.

"바라문이여, 그대의 집에도 때때로 찾아오는 손님이 있지요?"

"물론이다. 고타마여."

"바라문이여, 그럴 때는 대접을 하겠지요?"

"언제나 대접을 한다."

"바라문이여, 만약 그때 손님이 그것을 받지 않는다면 그 음식은 누구의 것이 되겠는가?"

"먹지 않는다면 그것은 내 것이 될 수밖에 없겠지."

이때 부처님은 물끄러미 그의 얼굴을 쳐다보고 말했다.

"바라문이여, 오늘 그대는 나에게 여러 가지 욕된 말들을 늘어놓았는데 나는 그것을 듣지 않겠소. 그러므로 그것은 그대의 것이 될 수 밖에 없소. 바라문이여, 만약 내가 욕을 먹고 그것을 되받아 욕을 했다면 그것은 주인과 손님이 함께 식사를 한 것이 됩니다. 그러나 나는 그 상을 받지 않겠소."

그리고 부처님은 그를 위해 게송을 읊으셨다.

**노여워하는 자에게 노여움으로 되받는 것은**
**나쁜 일임을 알아라.**
**노여워하는 자의 노여움을 노여움으로 되받지 않음은**

**두 가지의 승리를 얻는 것.**

**남의 노여움을 알고서**

**진심으로 자기를 진정시키는 자는 곧 스스로를**

**이김과 동시에**

**또한 남에게도 이기느니라.**

이러한 가르침을 받은 바라문은 부처님의 제자로 출가하여 후일 아라한(阿羅漢)[2)]이 되었다.

---

2) 아라한(阿羅漢: arhan): 공양(供養)을 받을 자격이 있는 수행자를 뜻한다. 상좌부(小乘)불교에서는 최고의 깨달음을 얻은 이를 가리키며 넓은 의미로는 대승(大乘) · 소승을 통하여 최고의 깨달음을 얻은 이를 말한다.

# 여래는 단지 길을 가르칠 뿐이다

부처님은 자신이 전능한 구세주가 아니며 단지 깨달음에 이르는 길을 가르쳐 줄 수 있을 뿐이라고 말한다. 이 같은 부처님의 대중교화 의식은 사밧티의 교외에 있는 동원정사(東園精舍)에 머물고 있을 때 그곳으로 찾아온 수학자 목갈라나(目犍連)와의 대화를 기록한 중아함 《산수목건련경》에 잘 나타나 있다.

"세존이시여, 제가 이 정사에 오는 데도 길이 있고, 또 내가 연구하는 수학에도 순서에 따른 교수법이 있습니다. 세존이여, 당신의 가르침에도 순서를 따라 배워야 하는 것이 있습니까?"

"벗이여, 나의 가르침에도 물론 순서를 따라서 배워야 할 길이 있습니다. 예를 들면 훌륭한 조련사는 좋은 말을 얻으면 먼저 머리를 똑바로 하는 교정을 한 다음에 갖가지 훈련을 시킵니다.

나도 또 내가 가르쳐야 할 사람을 얻으면 순서에 따라 가르치고 차차 더 이상 다다를 수 없는 깨달음의 경지에 이르도록 합니다."

이렇게 말씀하신 부처님은 목갈라나에게 비구들이 걸어가야 할 길을 수행의 단계와 깨달음의 정도에 따라 상세히 설명했다.

"그런데 세존이시여, 그렇게 가르침을 받은 당신의 제자들은 한결같이 위없는 깨달음의 경지에 이를 수가 있습니까, 아니면 이르지 못하는 제자들도 있습니까?" "벗이여, 내 제자 중에는 거기까지 이르지 못하는 사람도 더러 있습니다."

"세존이시여, 분명히 더 나아갈 수 없는 깨달음의 경지가 있고, 그곳으로 이르는 길이 있으며, 이미 깨달음을 성취한 안내자가 가르치고 있는데, 어떠한 이유로 도달하는 사람도 있고 도달하지 못하는 사람도 생기게 되는 것입니까?"

"그렇다면 벗이여, 어떤 사람이 당신을 찾아가 라자가하로 가는 길을 물었다고 합시다. 당신은 그에게 상세하게 길을 가르쳐 줄 것입니다.

그 후 어떤 사람은 무사히 라자가하에 도달할 수 있지만, 또 어떤 사람은 길을 잘못 들어 엉뚱한 곳에서 헤맬 것이오. 그 까닭은 어디에 있겠소?"

"세존이시여, 저는 길을 가르쳐 줄 수 있을 뿐입니다."

"벗이여, 그렇소. 그대 말이 옳습니다. 더 이상 나아갈 수 없는 깨달음의 경지는 틀림없이 존재합니다. 그곳으로 가는 길도 틀림없이 있습니다. 그리고 내가 길잡이로서 있습니다. 그런데도 제자 중에는 그 경지에 이르는 사람도 있고 그렇지 못한 사람도 있습니다. 그것을 내가 어떻게 할 수 있단 말입니까? 나는 다만 길을 가르칠 뿐입니다."

# 황금으로 설산을 덮어도

깨달음을 성취한 사람들은 때로 지혜와 그 자신에 대한 믿음 때문에 정치적인 문제에 개입되어 곤란을 겪는 경우가 있다. 잡아함《작왕경(作王經)》에도 부처님에게도 그러한 유혹이 있었음을 짐작케 하는 장면이 서술되어 있다.

부처님이 코살라의 설산(雪山: 히말라야)에서 혼자 초막을 짓고 살 때의 일이었다. 부처님은 이때 그 숲속의 초막에 홀로 앉아 조용히 명상에 잠겨있던 중 이런 생각을 하게 되었다.

"정치를 할 때 서로 사람을 죽이는 일도 죽임을 당하는 일도 없이, 정복하는 일도 정복당하는 일도 없이, 슬퍼할 일도 남에게 슬픔을 주는 일도 없이 도리(道理)대로 행할 수는 없는 것일까?"

그러자 악마 마라(魔羅: 수행을 방해하는 마군魔軍)가 부처님 앞에 나타나서 속삭였다.

"세존이여, 직접 정치를 하시오. 사람들을 통치하여 서로 죽이는 일도 죽임을 당하는 일도 없고, 정복하는 일도 정복을 당하는 일도 없으며, 또 슬퍼할 일도 남에게 슬픔을 주는 일도 없는 도리에 맞는 정치를 실현시키십시오." 부처님은 마음을 가다듬고 대답했다.

"마라여, 그대는 대체 무슨 까닭으로 나더러 직접 정치를 하라고 하는가?"

마라는 다시 부처님 곁으로 다가가 속삭였다.

"세존이여, 당신은 네 개의 여의족(四如意足)[3]을 가지고 있어서 무엇이든 마음대로 할 수 있는 힘이 있지 않습니까? 당신이 결심한다면 산들의 왕인 설산도 둔갑시켜 모두 황금으로 만들 수 있을 것입니다."

부처님은 게송으로 마라의 유혹에 답했다.

"저 설산을 둔갑시켜 황금으로 만들고 그것을 다시 배로 만든다고 하자. 어디 한 사람의 욕심인들 채울 수 있겠는가. 사람들아, 이것을 알고 올바르게 행하라."

권력에 대한 유혹은 떨치기가 쉽지 않다. 성자(聖者)이신 부

3) 사여의족(四如意足): 무엇이든 마음대로 할 수 있는 네 가지 힘을 말한다. 욕(欲) · 정진(精進) · 심(心) · 사유(思惟) 네 가지가 있다.

처님 역시 그때 정치의 이상에 관한 사색의 끝에 정치를 해보면 어떨까 하는 유혹에 빠졌던 것이다. 그러나 부처님은 바로 진리와 이상을 향해 나아가는 성자의 길과 탐욕과 살육의 전쟁 속을 헤쳐 가는 왕자의 길이 전혀 같지 않다는 것을 깨닫게 되었던 것이다.

# 기쁨을 양식 삼아 살리라

부처님이 마가다국의 판차사라라는 마을에 잠시 머물고 있을 때였다. 그날은 마침 마을의 처녀 · 총각들이 서로 선물을 교환하는 축제일이었다.

그날 아침도 부처님은 여느 때와 같이 발우를 들고 탁발을 위해 마을로 갔다. 그러나 마을 사람들은 모두 축제로 정신이 없었던지 아무도 부처님께 보시하려는 사람이 없었다. 잡아함의 《걸식경(乞食經)》에 쓰인 것처럼 부처님은 깨끗하게 씻은 발우를 그대로 들고 돌아올 수밖에 없었다. 그 돌아오는 길에 악마 마라가 부처님 앞에 모습을 나타내고 수근거렸다.

"사문이여, 음식을 얻었는가?" "마라여, 얻지 못했다."

"그러면 다시 한번 마을로 되돌아가라. 이번에는 보시를 얻을 수 있도록 해주겠다."

그러나 부처님은 의연하게 계송으로 답하셨다.

**비록 얻은 것이 없다 할지라도**
**보라, 우리들은 즐겁게 살고 있도다.**
**우리들에게 비록 양식이 없다 해도**
**저 광음천**(光音天)[4]**과 같이**
**기쁨을 양식 삼아 살리라.**

마라는 식욕의 유혹이었다. 깨달음을 성취한 부처님이라 할지라도 탁발을 할 때마다 언제나 공양을 얻을 수는 없었다. 때로는 음식을 얻지 못하여 굶은 체 하루를 보내야 할 때도 있었다. 이럴 때는 식욕 때문에 마음이 흔들리는 일이 있다고 해도 조금도 이상할 것은 없다. 앞에 인용된 경전의 기록은 그와 같이 탁발로 음식을 얻지 못했을 때 부처님 마음의 움직임을 나타낸 이야기이다.

미루어 생각하건대 부처님은 탁발을 나섰다가 빈 발우를 들고 돌아가는 길에 문득 지금쯤은 선물 교환이 끝나서 다시 한번

4) 광음천(光音天, Ābhāsvara): 바라문교의 신(神)으로 무상(無上)의 사랑을 상징한다. 색계(色界)의 제2선천(禪天) 중의 제3천(天)으로 무량광천(無量光天)의 위인 소정천(少淨天)의 아래에 위치한다. 이 하늘의 중생은 기쁨을 양식으로 삼아 살며, 음성이 없고 말할 때에는 입으로 광명을 내어 말한다고 한다.

돌아간다면 틀림없이 공양을 받을 수 있을 것이라고 생각했을 것이다. 그때 부처님은 의연하게 '사람이 사는 것은 물질적인 것에 의해서만은 아니다'라고 스스로에게 말한 것이다.

# 무엇을 바라고 구하리

어느 날 부처님은 많은 비구들과 함께 말라족(末羅族)의 영토를 지나가다가 토우나라고 불리는 바라문의 마을에 들어섰다. 그때 마을 사람들은 부처님이 많은 비구들을 거느리고 온다는 말을 듣고 입을 모았다.

"저 엉터리 사문들에게 물을 주지 말자."

그들은 우물 속에 풀과 쌀겨를 넣어서 솟아나는 물을 막아 버렸다. 얼마 지나지 않아 부처님과 비구 일행이 마을에 도착하여 길 옆의 나무 밑에 앉아 잠시 쉬어 가기로 했다. 자리를 잡고 앉아 부처님은 아난다에게 말했다.

"아난다여, 우물에서 물을 길어다 주지 않겠나?"

아난다는 난처한 표정을 지었다.

"세존이시여, 지금 우물은 이 마을 사람들이 던져 넣은 풀과 쌀겨로 막혀 있어서 물을 걸어 올 수가 없습니다. 그들은 '저 엉터리 사문들에게는 물을 주지 말자'고 하고 그러한 짓을 했습니다."

그러나 부처님은 거듭 아난다에게 물을 길어 오라고 말했다. 난처했지만 부처님의 부탁이었으므로 하는 수 없이 물을 길으러 갔다.

"그럼, 다녀오겠습니다."

아난다가 발우를 들고 우물에 가보니 아까의 우물은 끝없이 솟아오르는 물로 마을 사람들이 집어넣은 풀이나 쌀겨가 다 흘러내려가고 차고 맑은 물이 가득 넘쳐흐르고 있었다. 아난다는 기뻐서 어쩔 줄을 모르며 말했다.

"참으로 신기한 일이구나. 조금 전까지도 풀과 쌀겨로 가득 차 있었는데 부처님께서 물을 길어 오라고 말씀하시니 이처럼 물이 솟아나 풀과 쌀겨를 흘려보내고 맑은 물이 넘치고 있으니 참으로 신기한 일이로구나."

얼굴 가득히 웃음을 띈 아난다가 맑은 물을 부처님께 바치고 사연을 낱낱이 말씀드리자 부처님은 게송을 읊으셨다.

## 만약 물이 솟아나지 않는다면

**우물이 무슨 소용이 있으랴.**
**만약 욕심이 전혀 없다면,**
**무엇을 바라고 무엇을 구하리.**

위에 인용된 소부경전《자설경(自說經)》의 이야기는 부처님의 욕망에 관한 견해를 잘 드러내고 있다. 이날 물을 비유로 하여 부처님이 설한 것은 욕망의 단절이 아니라 욕망의 올바른 추구였다.

# 파멸로 이끄는 것

데바닷타[5]는 부처님의 명성을 듣고 아니룻다 · 아난다 · 우팔리 등 나중에 유명한 부처님의 10대 제자가 된 사람들과 함께 출가했다. 처음에는 부처님의 제자로 수행을 하다가 얼마 후 마가다국의 아자타삿투(阿闍世) 왕자의 귀의를 받게 되자 부처님의 후계자로서 승가(僧伽: 불교교단)를 통솔하겠다는 야망을 품기에 이르렀다.

그 무렵 부처님은 잠시 서쪽에 있는 코삼비국의 고시타에 가 있다가 오래간 만에 라자가하(王舍城)에 돌아와서 죽림정사에 들어섰다. 많은 제자들은 당장 부처님에게 그 간의 사정을 이야기

5) 데바닷타(Devadatta, 提婆達多): 부처님의 이복동생. 출가하여 신통을 배웠으나, 불법승(佛法僧) 삼보에 반역의 죄를 짓고 산 채로 지옥에 떨어졌다고 한다.

하기 시작했다.

"세존이시여, 아자타삿투 왕자는 아침저녁으로 오백 대의 수레로 음식을 날라 데바닷타를 공양하고 있습니다."

부처님은 제자들의 이야기를 조용히 듣고 나서 말했다.

"비구들이여, 데바닷타의 명성이나 보시물을 부러워해서는 안 된다. 그러한 길은 데바닷타를 위하는 길이 아니다. 그가 얻은 명성과 분에 넘치는 보시물은 언젠가는 그를 망쳐 파멸로 이끌지도 모른다.

예를 들면 파초(芭蕉)가 열매를 맺고 스스로 파멸을 초래하는 것과 같다. 그렇다, 비구들이여. 대나무는 열매를 맺으면 곧 시들고 만다. 또 암당나귀는 새끼를 배면 죽는다고 하지 않는가. 그와 마찬가지로 데바닷타는 명성과 끊임없이 불어나는 보시물 때문에 스스로 파멸할지도 모른다."

그리고 부처님은 비구들을 향해 게송을 읊으셨다.

**파초는 열매를 맺으면 파멸하고**
**대나 갈대도 또한 그렇다고 하네.**
**당나귀가 새끼를 배면 죽듯이**
**사람도 명리(名利)를 얻으면 전락하나니.**

얼마 후 부처님이 많은 대중들에게 둘러 싸여서 법을 설하고 있을 때 데바닷타가 앞에 나서며 큰 소리로 외쳤다.

"세존께서는 이미 연세도 많으시고 몸도 쇠약해지셨습니다. 앞으로는 여생을 편안히 보내시고 승가는 저에게 맡겨 주십시오."

부처님은 그것을 거절했다. 데바닷타는 다시 두 차례 세 차례 간청을 했다. 부처님은 마침내 단호한 말로 그의 청을 물리쳤다. 데바닷타는 다시 반역의 마음을 품었다. 그의 파멸이 시작된 것이다. 데바닷타의 반역에 관해서는 앞에서 인용한 《율장》 뿐만 아니라 본연부(本緣部)의 여러 경전에도 전생이야기와 함께 수록되어 있다.

# 부처님의 가슴을 아프게 한 사건

출가자들에게는 승단(僧團)의 화합을 깨는 것은 치명적인 상처일 수밖에 없다.

데바닷타는 부처님에게 승단의 후계자로서 인정해 줄 것을 거부당하자 반역의 마음을 품고 먼저 아자타삿투 왕자를 찾아갔다.

"왕자시여, 옛날 사람들은 장수하였지만 지금 사람들은 수명이 짧습니다. 이대로 왕자로 죽어버린다면 억울하지 않겠습니까? 그러니 아버지인 왕을 죽이고 스스로 왕이 되는 것이 어떻겠습니까? 나는 세존을 죽여 교주(敎主)가 되겠습니다."

데바닷타의 사주를 받은 왕자는 마침내 아버지인 빔비사라 왕을 탑에 가두고 왕위에 올랐다. 그러나 데바닷타는 부처님을 없애는 것이 불가능했다.

한 번은 아자타샷투 왕의 무사들을 자객으로 부처님에게 보냈다. 그러나 자객들은 부처님 앞에 다가서자 몸이 굳어져 떨기 시작했다. 이때 부처님이 "두려워할 것 없다."라고 말을 걸자 그들은 칼을 내던지고 고개를 숙이고 말았다. 또 한 번은 부처님이 영취산(靈鷲山)의 뒷길을 걸어가는 것을 노려서 산 위에서 바위를 굴렸다. 바위는 골짜기 사이에 끼어서 부처님에게는 미치지 않았지만 그 파편이 튀어 부처님의 발에 상처를 내었다.

그것을 본 제자들이 사방을 둘러싸고 지키려 했다. 그러나 부처님은 "여래(如來)는 폭력에 의해서 목숨을 빼앗기는 일은 없다."라고 조용히 말하고 그들을 물러서게 했다.

어느 날은 데바닷타가 코끼리를 다루는 자를 사주하여 나라기리라는 사나운 코끼리를 부처님에게 달려들게 하였다. 코끼리는 코를 높이 쳐들며 귀와 꼬리를 곤두세우고 라자가하의 거리를 걷고 있는 부처님을 향해서 맹렬하게 달려갔다.

사람들은 지붕 위나 창에서 그 광경을 지켜보며 부처님의 운명을 슬퍼했다. 그런데 코끼리는 부처님 앞에 이르자 코를 늘어뜨리고 조용히 멈추어 서는 것이었다.

그러자 부처님은 손으로 코끼리의 머리를 부드럽게 쓰다듬었다. 이 광경을 지켜보고 감명을 받은 사람들의 감회를 《율장》

〈소품〉은 다음과 같은 게송으로 적고 있다.

**사람들은 코끼리를 다스리는데**
**막대기와 매로써 한다네.**
**세존은 막대기와 매도 쓰지 않고**
**지금 코끼리를 양순하게 다스렸지요.**

데바닷타의 모든 계획은 실패로 돌아가고 말았다. 폭력은 끝내 법(法)을 설하는 자를 이기지 못했던 것이다. 그러나 이들 사건은 부처님의 생애에 있어서 가장 가슴 아픈 일이었다.

# 자유자재한 부처님의 능력

《유마경》은 "유희신통은 자유자재한 부처님의 능력이다."라고 적고 있다. 여기에서 신통(神通)이란 부처님의 초자연적 능력을 말하고 유희(遊戱)는 산스크리트어의 '리이라(līlā)' 또는 '라리타(lalita)' 등을 번역한 말로 부처님의 자유자재로운 활동을 뜻한다. 그러므로 유희는 결코 '놀이'가 아닌 자비에 의한 중생제도의 끊임없는 발동력이라고 할 수 있다.

신통(神通)에는 3통(通), 5통, 6통, 10통 등의 구별이 있다. 그 중에 3통을 예로 들어보면 3통은 3명(明)이라고도 하는데 첫째는, 숙명통(宿命通)으로 이것은 자기 및 타인의 무한의 과거로부터 생사의 상(相)을 모두 알아내는 능력이다. 둘째는 천안통(天眼通)으로 현재 인생의 고뇌를 샅샅이 알아내서 그 번뇌를 소멸시키는 능력이다. 셋째는, 누진통(漏盡通)으로 무명 번뇌를 자유자재로 끊고 사제(四諦)의 이치를 얻어 삼계(三界)에 미혹되지 않는 능력이다. 3통 중에 두 가지 능력은 불교 이외의 다른 종교에서도 일반적으로 주장하고 있지만 누진통은 불교에서만 말하고 있다.

부처님 또는 보살이 중생을 구제하는 활동은 참으로 자재롭고 거침이 없다는 것은 두말할 나위가 없다. 보살은 영원한 구도자이다. 만약 불법을 구하고 사람들을 향해 실천 활동을 계속하고 있다면 우리들도 보살이 될 수 있는 것이다.

보통 때는 할 수 없는 능력이 중생을 구제하는 일에는 거침없이 나타나는 것을 많은 영험설화들은 보여주고 있다. 그리고 그러한 능력의 활동은 '유희'라는 말에 어울리게 자유자재로워야 할 것이다.

오늘날에는 본래 의미의 '유희'가 단순한 놀이 정도로 생활의 일부분이 되고 심지어 생활 그 자체가 되어가고 있다. 반면에 현대인의 생활에서 '놀이'가 큰 비중을 차지하면서부터 '일'은 일종의 필요악 같은 존재가 되었다. 말하자면 현대인의 '일'에 대한 가치관이 크게 달라져 가고 있는 것이다.

그러나 자기가 하는 일을 통해서 일체 중생에 대한 봉사정신이 실현되고, 일 그 자체가 놀이가 되어 갈 때, 신통유희란 말은 전혀 새로운 의의를 가지고 되살아날 것이다.

# 여래의 법은 진실하다

《능가경(楞伽經)》은 여래장(如來藏)을 설하고 있는 것으로 유명하다. 여래장이란, 우리들의 현실은 여러 가지 번뇌로 가득 차 있지만 그 본성은 자성청정심(自性淸淨心)이라는 것을 일컫는 말이다. 그러므로 여래장은 우리들은 본래 부처가 될 씨앗을 가지고 있으며 '본래 부처다'라는 것을 뜻하고 있다. 어떠한 것으로도 침범할 수 없는 절대 존재인 개인의 인격이 절대의 종교적 인격으로 뒷받침되고 있다.

한편 "여래는 문자에 빠진 법을 설하지 않는다."라는 《능가경》의 구절은 직접적으로 여래장과 관계가 있는 것은 아니지만 이처럼 존귀한 여래장을 누구나 다 자기의 생명으로서 가지고 있다는 것을 주장한다. 이것은 부처님의 설법에 거짓이 있을 수가 없음을 강조한 말이기도 하다.

“여래는 문자에 빠진 법을 설하지 않는다.”라는 말은 《능가경》이외의 경전에서도 종종 찾아볼 수가 있다. 앞에서 인용한 구절의 ‘문자’란 넓은 뜻에서의 말(언어)이라고 의미를 확대할 수 있다. 누구에게나 그렇듯 말이란 대단히 중요한 것으로 마음에 없는 일이라도 말만 교묘하게 하면 남을 속일 수가 있다. 특히, 현대와 같이 매스컴이 극도로 발달한 사회에서는 더욱 그러하다. 예를 들어 과대광고 같은 것을 보면 그 선전문구가 실제 내용과는 판이하게 다른 경우가 적지 않다. 가짜 뉴스가 사람들의 마음을 현혹시키는 것과 같다.

이와 같이 현대인은 허구의 언어 앞에서 춤추고 있는 꼭두각시나 다름없는지도 모른다. 어디가나 말, 말, 말… 그야말로 말의 홍수이다. 그러면서도 오늘날 우리들의 현실은 이 말의 홍수나 정보의 범람에서 빠져나와 살아가는 것이 불가능하다. 그래서 컴퓨터에 의한 정보의 수집 · 정리 · 취사선택이라는 방법이 나오기도 했지만 최종적으로 언어(정보)를 선택하는 권리는 아직도 인간이 쥐고 있다.

여기서 문제는 어떠한 말(정보)이 우리에게 필요한 것인가 하는 컴퓨터가 내보내는 답이 아니라 어떠한 말(정보)이 인간이 인간답게 살아가는데 필요한 것인가 하는 점이다. 그리고 이러한 자신의 말은 그 개인만이 그 선택권과 소유권을 가지고 있다. 그것은 다른 외부의 어떠한 힘으로도 인간의 영혼을 빼앗을 수 없는 경우와 마찬가지이다.

이렇게 생각하면 진실이란 것도 말 속에 있는 것이 아니라 말을 넘어선 다른 곳에 있는 것이 아닐까. 또한 말은 의지나 생각을 전달하는 도구로서 편리한 것이기는 하나, 그것은 어디까지나 하나의 수단이지 결코 목적이 될 수 없다는 점을 우리는 기억해야 할 것이다.

'문자에 빠진 법'에서 문자란 진실이 담겨져 있지 않은 말, 단순한 말의 장난, 더 나아가서 말의 허구성을 의미한다.

여래께서 설하시는 말씀은 단 한마디 한 구절 모두가 진실이다. 그야말로 살아있는 말이다. 여기에 말이 가지는 본래의 의의가 있는 것이다. 이러한 살아있는 말로서의 말의 참뜻을 되찾아가는 문제에 현대인들은 더욱 진지하게 노력하여야 한다.

# 두려울 때는 삼보를 생각하라

부처님이 기원정사에 있을 때, 비구들을 모아놓고 신화를 비유로 들어 설법을 한 적이 있다.

"비구들이여, 아주 먼 옛날에 신들과 아수라(阿修羅)[6] 사이에 전쟁이 일어났다. 위대한 신 인드라(帝釋)[7]는 전쟁터로 나가는 신들을 불러서 말했다. '만약 너희들이 전쟁터에서 머리 끝이 곤두서는 공포를 느끼게 된다면 내 깃대 끝을 보도록 하라. 너희들이 내 깃대의 끝을 우러러본다면 두려움은 떨쳐지리라. 만약 너희들

6) 아수라(阿修羅: asura): 육도(六道: 지옥도 · 아귀도 · 축생도 · 수라도 · 인간도 · 천도)의 하나. 인도 고대에서는 전투를 일삼는 일종의 귀신으로 간주되었고 항상 제석천과 싸우는 투쟁적인 악신으로 여겨졌다.

7) 인드라(帝釋, Śakra-devānām indra): 수미산(須彌山) 정상인 도리천(忉利天)의 임금. 선견성(善見城)이 있으며 사천왕(四天王)과 32천을 통솔하면서 불법과 불법에 귀의하는 사람을 보호하며 아수라의 군대를 징벌한다고 한다.

이 그렇게 할 수 없을 때는 파자파티(波闍波提)[8]천(天)의 깃대 끝을 보도록 하라. 그러면, 두려움을 떨쳐 버릴 수가 있을 것이다. 너희들이 그것도 불가능할 때는 바루나(婆樓那)천의 깃대 끝을 보거라. 그러면 공포를 떨쳐버릴 수 있을 것이다. 또, 만약 바루나 천의 깃대 끝도 우러러볼 수 없을 때는 이사나(伊舍那)천의 깃대 끝을 우러러보도록 하라. 오! 천사들이여, 그러면 공포를 떨쳐버릴 수 있을 것이다.'라고 말했다."

부처님은 이러한 신화를 이야기한 후에 비구들에게 말했다.

"비구들이여, 너희들이 만약 숲속의 나무 밑에 앉거나 또는 빈집에 있을 때 공포를 느껴 머리 끝이 곤두서는 느낌이 들면 그 때는 나를 생각하는 것이 좋다. '나 세존은 여래이다. 공양을 받을만한 이, 모든 것을 깨달은 이, 지혜와 실천을 함께 갖춘 이, 곧 부처님이며 깨달음을 얻은 사람이다.'라고 생각하면 공포를 떨쳐버릴 수 있을 것이다. 만약 나를 생각할 수 없을 때는 법(法)을 생각하라. '법은 세존에 의해서 일깨워졌으니 현재에 과보(果報)가 있는 사람, 시간을 초월한 사람, 와서 보고자 하는 자를 바로 안온(安穩)으로 인도하는 것이다.'라고 생각하면 공포를 떨쳐 버릴 수 있다. 그리고 또 법을 생각할 수 없을 때는 '승가를 생각하라.

세존의 제자들이 모인 승가는 착하게 행하는 이들의 모임

8) 파자파티 · 바루나 · 이사나: 각각 고대 인도의 유력한 선신(善神).

이며, 올바르게 행하는 이들의 모임으로서 존경받아야 하며, 공양 받아야하며, 합장 받아야 할 이 세상에서 최상의 복전(福田)[9]이다.'라고 생각하라. 그러면 너희들의 공포와 불안도 제거될 것이다."

잡아함 《당경(幢經)》에 실려 있는 이 이야기는 불제자가 되기 위해 가장 먼저 해야 할 삼귀의(三歸依)[10]를 설명하고 있다.

9) 복전(福田): 씨를 뿌려 훌륭한 수확을 얻는 밭, 즉 공덕(功德)의 좋은 대상이라는 뜻이다.

10) 삼귀의(三歸依): 불교도가 존경하고 공양해야 할 불보(佛寶) · 법보(法寶) · 승보(僧寶)의 셋을 믿으며 자신을 맡김을 말한다. 여기서 불은 우주의 진리와 인생의 참다운 모습을 깨닫고 이에 의하여 다른 이를 가르쳐 인도하는 깨달음을 얻은 이로서 불교의 교주를 뜻한다. 법은 그 부처님이 스스로의 깨달음에 바탕으로 중생을 가르치기 위해 설한 가르침이다. 승은 그 법에 따라 수행하는 불제자의 집단을 말한다.

# 제자의 옷을 꿰매준 부처님

모든 인간 활동의 근본적 동기는 행복을 추구하는 것에 있다. 수행자들도 예외는 아니다. 증일아함 《역품》을 보면 부처님 당신이야말로 가장 행복을 추구하는 사람이라고 설하고 있다.

부처님이 사밧티(舍衛城)의 기원정사에 계실 때의 일이다.

어느 날 눈이 먼 아니룻다가 옷을 꿰매려고 했다. 그러나 안타깝게도 눈이 보이지 않아 아무리 애를 써도 바늘에 실을 꿸 수가 없었다. 어찌할 도리가 없었던 그는 혼자 중얼거렸다.

'여러 성자 중에서 누군가 나를 위해 이 바늘에 실을 꿰어서 더욱 공덕을 쌓을 이는 없는가?'

그러자 누군가가 그에게 다가와 손을 내밀었다.

"아니룻다여, 내가 자네에게 공덕을 쌓게 해다오."

틀림없는 부처님의 목소리였다. 아니룻다는 깜짝 놀라며 뒤로 물러섰다.

"세존이시여, 누군가 이 세상의 구도자 중에서 공덕을 쌓아서 행복을 얻고자 하는 이에게 바늘에 실을 꿰어달라고 한 것입니다. 세존께서 그런 일을 하시다니 당치도 않습니다."

이때 부처님은 그에게 말씀하셨다.

"아니룻다여, 이 세상에서 행복을 추구하는 사람 중 나보다 간절한 이는 없을 것이다."

아니룻다는 이 말을 이해할 수가 없었다.

"세존이시여, 세존께서는 이미 생사의 바다를 건너 애착의 늪을 벗어나셔서 아무것도 바랄 것이 없으시지 않습니까? 그런데 무엇 때문에 행복을 바란다고 말씀하십니까?"

이때 부처님은 그를 위해서 궁극의 경지를 다한 수행자도 아직 추구하는 것이 있다는 것을 이야기했다. 또한 예를 들면서 '보시(布施)는 이것으로 충분하다라는 것은 없다.

인욕(忍辱)에는 여기까지라는 한계가 없다. 진리의 추구 또한 끝이라는 것이 없다. 또한 행복의 추구도 그렇다.'고 말씀하셨다. 그리고 부처님은 게송을 읊어서 덧붙이셨다.

**이 세상에 있는 갖가지 힘 중에**

행복의 힘이 가장 훌륭한 것
천상과 지상의 세계에도 이보다 뛰어난 것은 없을지니
깨달음의 길 또한 이 행복의 힘으로 이루어지네.

# 법(法)을 보는 자 나를 본다

부처님이 라자가하(王舍城)의 죽림정사에 있을 때의 일이다. 그때 박칼리(跋迦梨)라는 비구가 라자가하의 어느 옹기장이의 집에서 큰 병에 걸려 신음하고 있었다. 그는 도저히 회복될 가망이 없다고 생각했는지 곁에 있던 사람을 불러 부탁했다.

"벗이여, 미안하지만 세존이 계시는 죽림정사까지 가서 세존께 부탁드릴 수 없겠는가. 나는 병이 심하여 도저히 회복할 가망이 없네. 마지막으로 세존의 얼굴을 뵙고 세존의 발에 절을 하고 싶은데 이런 몸으로는 도저히 죽림정사까지 갈 수가 없다네. 그러니 세존께 박칼리를 불쌍히 여기시어 이곳으로 오셔 주십사고 부탁드려 주게."

그가 죽림정사로 달려가서 부탁을 드리자 부처님은 바로 승낙하고 옹기장이의 집으로 향했다. 부처님의 모습이 먼발치에서 보이자 박칼리는 병상에서 일어나 앉았다.

부처님은 옹기장이의 집에 들어서자마자 일어나 앉아있는 박칼리를 자리에 눕게 한 뒤 말씀하셨다.

"어떤가. 참을 만한가? 좀 괜찮은가?"

"세존이시여, 저는 도저히 살지 못할 것 같습니다. 병이 악화될 뿐만 아니라 조금도 좋아지지 않습니다. 그래서 저는 마지막으로 세존의 얼굴을 뵙고 세존의 발에 절을 올리기를 소원하였습니다만, 이런 몸으로는 도저히 죽림정사까지 갈 수가 없었습니다."

이때 부처님은 그에게 말했다.

"박칼리여, 이같이 늙어빠진 내 모습을 보는 것은 아무 소용이 없네. 박칼리여, 이것을 알아야 하네. '법(法)을 보는 자는 나를 보며 나를 보는 자는 법을 본다는 것을.'"

이 말을 듣자 박칼리는 문득 깨달은 바가 있었다. 곁에 있던 비구들도 깊은 감명을 받았다. 부처님이 자기에게 예배하는 것을 거절하고 다만 법을 보고 법에만 예배하라고 설하고 있기 때문이다. 여기에 불교의 핵심이 있는 것이다.

# 늙음은 사람을 가리지 않는다

부처님이 사밧티(舍衛城) 교외의 기원정사(祇園精舍)에 있을 때의 일이었다. 그때 부처님은 비구들을 위해서 자기가 출가하게 된 경위 사문출유(四門出遊)[11]를 이야기했다.

"비구들이여, 출가하기 전의 나는 다시없는 행복한 생활을 하였다. 나의 궁전에는 아름다운 연꽃이 만발한 연못이 있었고 긴 회랑에는 항상 전단향(栴檀香)의 방향(芳香)이 서려 있었다. 입은 옷은 모두 카시에서 만든 최고급 옷감들이었으며, 또 나를 위한 세 개의 별궁이 있어서 겨울에는 겨울궁전, 여름에는 여름궁전, 봄에는 봄 궁전에서 살았다. 여름의 장마철에는 여름궁전에

11) 사문출유(四門出遊): 석가모니 부처님이 태자였을 때 동서남북 네 개의 문으로 나가 생로병사(生老病死)의 네 가지 고(苦)를 보고 출가를 결심하게 되었다는 이야기. 사문유관(四門遊觀)이라고도 한다.

서 늘 무희들의 노래와 춤을 즐겨 한 걸음도 밖으로 나가질 않았다. 간혹 밖에 나갈 때면 항상 하얀 양산을 썼다. 또 비구들이여, 다른 집에서는 머슴이나 하인들에게 쌀겨 죽을 쑤어 주었지만, 나의 궁전에서는 늘 쌀밥과 고기를 주었다."부처님은 그럼에도 불구하고 그 호화로운 생활에 머물러 있을 수가 없었다고 말했다. 그리고 그것은 늙음과 병과 죽음을 근심하기 시작했기 때문이라고 했다.

"비구들이여, 나는 생각했다. '어리석은 자는 자기도 늙어 갈 몸이며, 또한 늙지 않는 방법을 모르는 주제에 남이 늙은 것을 보면 꺼리고 싫어한다. 나도 또한 늙어갈 몸이며 늙음을 면할 수는 없다. 그런데도 남의 늙고 시든 모습을 꺼리고 싫어한다는 것은 내 스스로에게 용서할 수 없는 짓이다.' 비구들이여, 생각이 여기에 이르렀을 때 나의 청춘의 교만함과 나태함은 모두 사라지고 말았다."

부처님은 병과 죽음에 대해서도 똑같은 생각을 가지게 되었다고 이야기했다. 그리고 그 때문에 아직 나이도 젊고 원하는 모든 것을 가질 수 있었음에도 불구하고 속세의 인연을 버리고 출가하여 수행자가 되었다고 말했다. 중아함《유연경(柔軟經)》에 실려있는 이 이야기는 원래 제자들에게 청춘의 교만과 나태, 건강의 과신, 생존의 방만 등 세 가지를 경계하라고 가르치기 위한 것이었으나 그 속에 자연히 부처님이 출가하게 된 동기가 나타나고 있다.

# 나는 숨긴 것이 없다

네란자라 강을 건너 북쪽으로 간 석가모니 부처님은 유행(遊行)의 길을 계속하여 밧지의 도성인 베살리에 이르렀다. 그 무렵 장마철이 시작되었다. 몹시 무덥고 눅눅한 습기가 가득 찬 계절이었다. 부처님은 비구들에게 각각 벗이나 친지를 찾아가 안거(安居)[12]를 하도록 하고 자신도 또한 벨루바라는 마을에서 안거에 들어갔다. 그러나 노쇠한 부처님은 더위와 긴 장마를 이기지 못하고 병이 들고 말았다. 그것은 말할 수 없이 고통스러운 괴로움이었다. 그러나 부처님은 정신력으로 그 병을 이겨낼 수가 있었다.

12) 안거(安居): 하안거(夏安居), 또는 우안거(雨安居)라고도 하는데 수행자들이 음력 4월 15일부터 음력 7월 15일까지의 장마철에 외출을 하지 않고 정좌수행(靜坐修行)하는 규정을 말한다. 불교가 북방인 중국으로 전래되면서 추운 겨울에도 안거의 필요성을 느끼게 되었고 따라서 음력 10월 15일부터 다음해 1월 15일까지를 동안거(冬安居) 기간으로 정해놓고 있다.

장마철이 마침내 끝나고 병에서 회복된 부처님이 나무 그늘에 마련된 자리에 앉아 있을 때 아난다가 말했다.

"세존이시여, 몸이 회복되셔서 참으로 기쁩니다. 세존께서 병으로 신음하시고 몸도 야위셨을 때 저는 온 세상이 캄캄해지는 것 같았습니다. 그러나 세존께서는 승가에 대해 유언을 하기 전에는 돌아가시지 않을 것이라 믿었기에 마음이 놓였습니다."

아난다는 부처님이 열반에 드시기 전에 교단의 후계자를 지명할 것이라고 기대하고 있었던 것이다. 그때 부처님은 그 기대가 잘못이라는 것을 지적하며 말씀하셨다.

"아난다여, 그 기대는 잘못이다. 나는 이미 여러 가지 각도에서 법(法)을 설하였다. 나의 가르침에는 제자들에게 숨기고 나만 혼자 알고 있는 그런 비밀은 없다.

또 아난다여, 내가 이 교단의 지도자라거나 혹은 비구들이 모두 나만 의지하고 있다고 생각해서는 안 된다. 그러므로 내가 이 교단의 후계자를 지명할 까닭이 없다. 들어라, 아난다여, 그대들은 다만 스스로를 튼튼한 밑받침으로 삼고 스스로를 의지할 곳으로 삼아야 한다.

남을 의지할 곳으로 삼는 것이 아니라 법을 기반으로 삼고 법을 의지할 곳으로 삼되 다른 것을 의지할 곳으로 삼지 않는 자야말로 우리 교단에서도 가장 높은 자리에 있게 되는 것이다."

앞에서 인용한 잡아함《유행경(遊行經)》을 비롯하여《대반열반경》등 부처님의 열반을 기록하고 있는 모든 경전은 법과 자기 자신을 의지처로 하라고 설하고 있다.

이것은 승가(僧伽) 즉 불교교단의 기본적 성격을 명백하게 함과 동시에 부처님을 믿고 따르는 불자들이 지녀야할 태도를 가장 명확하게 또 가장 엄격하게 표현한 부처님의 설법이다.

# 게으르지 말고 정진하라

부처님은 히란냐바티 근처의 쿠시나가라라는 마을의 교외, 말라족의 영토인 사라 숲에서 병이 깊어 누워 있었다. 많은 비구들이 병든 스승을 걱정하여 주위에 모여들었다. 부처님은 그들을 돌아보며 말씀하셨다.

"비구들이여, 혹은 너희들 중에 아직도 교법에 대해서, 승가에 대해서, 또는 실천 방법에 대해서 의문을 가지고 있는 수행자가 있을지도 모르겠다. 만일 그렇다면 지금 질문하도록 하라. 나중에 스승이 앞에 있었는데도 묻지 못했다고 후회하는 일이 있어서는 안 된다."

그러나 비구들은 모두 침묵을 지키고 있었다. 스승의 죽음을 앞에 두고 질문할 수 있는 사람이 없었다. 부처님은 두 차례, 세

차례 재촉했다. 그러나 비구들은 여전히 침묵을 지키고 있었다. 부처님은 계속해서 말했다.

"너희들은 내가 어려워서 질문을 하지 않을지 모르나 그래서는 안 된다. 친구가 친구에게 묻듯이 질문하도록 하여라."

그래도 침묵은 깨지지 않았다. 이때 부처님의 수발을 들던 아난다가 말했다.

"세존이시여, 참으로 드문 일입니다만 지금은 한 사람의 비구도 교법과 승가와 실천의 방법에 대해서 조금도 의문을 가지고 있는 사람이 없다고 믿어집니다."

부처님은 조용히 고개를 끄덕이며 비구들에게 말씀하셨다.

"그러면 비구들이여, 내가 말하겠다. '이 세상일은 모두 덧없는 것이다. 게으르지 말고 정진하도록 하라.' 이것이 나의 마지막 말이다." 그리고 나서 부처님은 조용히 눈을 감더니 영원한 적정(寂靜)의 세계로 들어갔다. 인류의 가장 위대한 성자 부처님은 이렇게 열반에 들었다. 《유행경》을 비롯한 여러 경전에는 온갖 신기한 일들이 발생했다고 기록하고 있거니와 실은 대단히 조촐하고 장엄한 죽음이었다.

부처님은 최후의 순간까지 제자들에게 질문을 하도록 하고, 또 '게으르지 말고 정진하라'는 최후의 가르침을 남겼다. 참으로 위대한 '인류의 교사'의 모습이었다.

둘째 마디

# 지혜의 나룻배를 타고

참으로 어리석은 바라문들은

그들이 본 것에만 집착하누나 다만 일부분만 보고

사람들은 그 것을 주장하며 다툰다

(중맹모상경)

# 모든 것이 타고 있다

부처님은 우루벨라에서 천 명의 제자들을 얻었다. 그리고 전도의 길을 계속했다. 부처님은 새로운 비구들을 거느리고 마가다국의 라자가하로 향했다. 이때 출발에 앞서 부처님은 그들을 거느리고 상두산(象頭山)에 올랐다. 산의 동북쪽 기슭은 가야(伽耶)의 땅이었고 동쪽으로는 네란자라 강이 유유히 흐르고 있었다. 그리고 그 강의 남쪽은 부처님이 깨달음을 얻었던 기쁨이 서려 있는 땅이었다.

잡아함 《연소경》은 산상에 올라선 부처님이 새로운 제자들에게 설법하는 광경을 이렇게 묘사하고 있다.

"비구들이여, 모든 것이 타오르고 있다. 치열하게 타오르고 있다. 이것을 너희들은 먼저 알아야 한다."

이날 행한 부처님의 설법은 이전과는 그 방법이 달랐다. 부처님은 그때까지 현실 생활과 인간 삶의 관찰 내용을 정연한 논리와 이론으로써 그 원인의 발생과 제거의 원리 그리고 실천 방법을 설해 왔다. 이른바 사제(四諦)[13]의 설법이라는 것이다. 그런데 이날 부처님은 인생은 타오르고 있다며 산상의 제자들에게 직설적으로 설법을 한 것이다.

"비구들이여, 모든 것이 타오르고 있다는 것은 무슨 뜻인가? 비구들이여, 사람들의 눈이 타오르고 있지 않는가. 그 대상을 향해서 타오르고 있지 않는가. 사람들의 귀가 타오르고 있지 않는가. 사람들의 코도 타오르고 있지 않는가. 혀도 타오르고 있지 않는가. 신체도 타오르고 있지 않는가. 마음도 또한 타오르고 있지 않는가. 그렇다 비구들이여, 모두가 그 대상을 향해서 치열하게 타오르고 있다.

비구들이여, 그것들은 무엇에 의해서 타오르고 있는가. 그것은 바로 탐욕(貪欲)과 노여움(瞋恚)의 불꽃으로 타고, 어리석음(愚癡)의 불꽃으로 타오르고 있다."

이날 행한 부처님의 새로운 설법은 불교사상의 흐름 속에 큰

13) 사제(四諦): 고제(苦諦) · 집제(集諦) · 멸제(滅諦) · 도제(道諦)를 말한다. '고'는 이 세상이 '고'라는 것을 의미하며 '집'은 '고'가 생겨나는 원인이다. '멸'은 '고'를 멸한 해탈, '도'는 '멸'을 달성하기 위한 수행방법을 뜻한다. '제'는 산스크리트어 satva의 번역으로 진리라는 뜻이다. 사성제(四聖諦)라고도 한다.

영향을 남겼다. 타오르는 번뇌의 불꽃이 뭇 사람들의 생활이라는 점을 밝혔기 때문이다.

우리들이 괴로운 인생에서 벗어나기 위해서는 먼저 이 '번뇌의 불꽃'을 끄지 않으면 안 된다. 그 불꽃을 완전히 꺼버렸을 때 그때에 실현되는 궁극의 경지가 '열반(涅槃)' 즉 '불이 꺼진 모습'이라고 불리는 것도 이러한 의식에서 나왔다.

현대 서구의 불교학자들은 예수의 '산상수훈(山上垂訓)'에 비교해서 이날 부처님이 행한 설법을 '산상설법(山上說法)'이라고 부르기도 한다.

# 모르는 것이 죄

불교에서는 탐(貪) · 진(瞋) · 치(癡) 이 세 가지를 사람의 착한 마음을 가로막고 불성(佛性)을 무너뜨리며 파멸의 길을 여는 독이라고 보아, 삼독(三毒)이라고 한다.

이 세 가지 독이 있는 한 사람들은 결국 끊임없이 아집에 대한 집착으로 날을 보내고 공동체로서 일체 중생의 세계에 살 수 없다고 가르친다. 그리고 아집과 삼독의 근원은 바로 무명(無明)이다.

'무명'은 모든 싸움과 거짓의 근본이며 옳음을 알고 사물의 도리를 깨닫는 지혜(밝음)를 감추는 무서운 무지(無知)이다. 더구나 그것은 '근본무명'이라는 말이 있듯이 그대로 두면 인간 존재의 본성이 되고 본능이 되어서 끝내는 인간을 궁극적으로 규제하는 힘이 되고 만다.

쇼펜하워(독일의 철학자, 1788~1860)가 '생(生)에 대한 맹목적인 의지'라고 부른 어둡고 무서운 생명 추구의 원동력과 비슷한 것, 그것이 바로 근본무명이다.

이 근본적인 힘을 제거하지 않으면 거기에는 아집에 바탕을 둔 모든 사회적 죄악과 윤리적 부도덕이 눈덩이처럼 커지면서 쌓여 가게 된다.

불교의 십이연기(十二緣起)는 무명에 의해서 우리들의 현실 존재가 어떻게 구성되는가를 명백히 하고, 동시에 이것을 초극하는 것이 왜 인간을 유한성에서 벗어나게 하고 '이상'의 경지로 끌어올리는 힘이 되는가를 잘 나타내주고 있다.

'무명'을 초극하는 길은 자운음광(慈雲飮光)[14]의 《십선법어(十善法語)》에서는 몸으로 지키는 세 가지 선(善)인 불살생(不殺生) · 불투도(不偸盜) · 불사음(不邪淫)과 입으로 지키는 네 가지 선인 불망어(不妄語) · 불기어(不綺語) · 불악구(不惡口) · 불양설(不兩舌) 그리고 마음으로 지키는 세 가지 선인 불탐욕(不貪慾) · 불진에(不瞋恚) · 불사견(不邪見)의 열 가지 선(十善戒)이 결국 최후의 '올바르고 보는 눈(不邪見)'에 따라서 어떻게 좌우되는가를 설명하고 있다.

14) 자운음광(慈雲飮光, 1718~1804): 일본 정법율(正法律)의 개조. 스스로 백부지동자(百不知童子)라 칭했다. 유교에도 능통했으며 《십선법어》를 저술하고 《범학진량(梵學津梁)》을 편집했다.

살생을 범하는 자는 자기 생명이 존엄한 것만 알고 남의 생명 또한 이와 같다는 것을 모르는 무명(無明, 邪見)에 빠져있는 자가 범하는 죄이며, '투도(偷盜)'는 자기와 남의 것과의 구별을 모르는 무지가 범하는 것이다.

이처럼 모든 죄악의 근원에는 무지가 숨어있다. '무명'의 극복은 올바른 앎에 기초를 둔 '행(行)'에 있다.

# 있는 그대로 보라

정견(正見), 즉 올바르게 본다는 것은 부처님의 가르침의 기초로 여실지견(如實智見)이라고도 하는데 일그러짐 없이 있는 그대로 파악하는 것을 뜻한다.

부처님이 기원정사에 있을 때의 일이다. 상가라바(傷歌邏)라는 한 바라문이 부처님을 찾아와서 여러 가지 환담을 나눈 끝에 그는 다음과 같은 의견을 물었다.

"세존이여, 이것은 무슨 까닭인지 묻고 싶습니다. 저는 때때로 마음이 몹시 맑아져서 지금까지 배운 것은 물론이려니와 아직 배우지 않은 것까지도 거침없이 말할 수가 있습니다. 그런데 때로는 마음이 산란해서 평소 배워온 것이 아무리 애를 써도 머리에 떠오르지 않을 때가 있습니다. 이것은 도대체 무슨 이유 때문입니까?"

부처님은 여느 때와 같이 비유를 들어 말씀하셨다.

"만약 물이 빨간색이나 파란색으로 흐려 있다면 사람이 제 얼굴을 비춰봐도 똑바로 볼 수가 없다. 그와 마찬가지로 사람의 마음이 갖가지 탐욕으로 흐려 있을 때는 마음이 맑지 못하므로 무엇이든 그대로 비추지를 못한다. 또 만약 그 물이 불 위에서 끓고 있으면 어떻겠는가? 역시 거기에 얼굴을 비춰 볼 수는 없다. 그와 마찬가지로 사람의 마음이 노여움과 원한 등으로 끓고 있을 때도 역시 아무 것도 제대로 볼 수가 없다. 만약 그 수면에 이끼가 끼었을 때는 어떠한가. 아무리 그곳에 얼굴을 비춰보려 해도 제 얼굴을 비춰 볼 수는 없는 것이다. 이와 마찬가지로 사람의 마음이 어리석음이나 의심으로 덮여 있으면 아무것도 제대로 비춰 볼 수 없을 것이다.

바라문이여, 그와 반대로 그 물이 흐려있지 않고, 끓고 있지 않으며, 이끼에 덮여있지 않을 때는 언제나 사람은 제 얼굴을 있는 그대로 비춰 볼 수가 있다. 그와 마찬가지로 사람의 마음도 역시 탐욕으로 흐려있지 않으며 마음의 평정을 찾아 어리석음으로 덮여 있지 않을 때 무엇이든 있는 그대로 올바로 볼 수가 있는 것이다."

# 존재의 법칙

부처님이 출가를 결행하게 된 근본 이유는 인간이 늙고 병들고 죽어야 하는 까닭과 사람이 살아가는 과정에서 부딪치는 모든 고통의 근원이 무엇인가라는 의문이었다. 이것은 생명이라는 시간적인 유한성(有限性)에 제약을 받고 있는 인간 존재를 구제하는 길을 찾는 것이기도 했다. 그 길을 부처님은 연기(緣起)[15]의 법칙을 깨달음으로써 발견한 것이다.

연기법이 부처님이 깨달은 내용이라고 한다면 그것을 되도록 정확히 파악하는 것은 불교의 근본을 이해하는 지름길이 될

15) 연기(緣起, pratītya-samutpāda): 모든 현상은 무수한 인(因, hetu)과 연(緣, pratyaya)이 상호관계하여 성립되며 따라서 독립 · 자존적인 존재는 있을 수 없고 조건과 원인이 없으면 결과도 없다는 것이다. 일체 현상의 생기와 소멸의 법칙을 말하는 것이다.

것이다. 그 이해를 돕기 위해 어느 날 부처님이 설법한 내용을 잡아함《인연법경》에서 살펴보자.

부처님이 사밧티 교외의 기원정사에 있었을 때였다. 부처님은 여느 때와 같이 비구들을 모이게 했다.

"비구들이여, 오늘은 연기라는 것, 연생(緣生)이라는 것에 관해서 말할테니 잘 듣고 생각해 보거라."

부처님은 연기에 관한 요점을 차근차근 설하기 시작했다.

"비구들이여, 먼저 연기라는 것은 어떤 것을 말하는 것일까. 예를 들어 태어남이 있으므로 시듦과 늙음과 또한 죽음이 있다. 이것은 내가 있든 없든 존재의 법칙으로서 확립되어 있는 것이다. 그리고 그 내용은 서로 불가분의 관계(相依性)라는 것을 깨달았다. 깨달았기 때문에 나는 지금 너희들에게 가르치고 설명하여 '너희들도 보라'고 말하는 것이다."

이 이야기는 먼저 부처님이 깨달은 내용, 즉 연기는 존재의 법칙임을 밝히고 있다. 존재의 법칙이란 존재와 함께 영원히 지속되는 것이므로 부처님이 교화를 하든 그렇지 않든 상관없이 영원히 존재한다. 부처님은 다만 그것을 깨달아 지금 가르치려 할 뿐이라는 것이다. 또한, 그 내용은 단적으로 모든 존재하는 것은 서로 관계를 맺고 있다는 뜻이다.

부처님이 설한 존재의 상의성은 현대의 표현으로 말한다면 관계성 또는 인과의 법칙이라고도 말할 수 있을 것이다.

이어 부처님은 연생(緣生)에 관해 설하셨다.

"비구들이여, 연생이란 또 어떤 것일까? 예를 들면 늙고 죽음이 연생이다. 조건이 있어 생긴다. 그러므로 조건을 없앰으로써 그 결과 또한 없게 할 수 있다."

늙음과 죽음도 원인을 제거함으로써 그 발생과 진행 · 결과에서 오는 고통에서 놓여날 수 있다는 설법이다. 부처님은 이것을 단적으로 고는 연성(緣性)이라고도 하고 있다. 석가모니 부처님의 출가의 과제는 그것으로 풀렸던 것이다.

# 이것이 있으므로 저것이 있다

사리풋타(舍利弗)와 마하콧티카(摩訶拘絺羅)가 바라나시(波羅奈)의 교외에 있는 녹야원(鹿野苑)에 머물고 있을 때였다. 어느 날 아침 마하콧티카가 사리풋타를 찾아가서 교법에 관해 의문나는 점을 물었다.

"벗 사리풋타여, 늙고 병들고 죽는 것은 자기가 만드는 것일까, 다른 사람이 만드는 것일까, 아니면 근원도 없이 생기는 것일까."

마하콧티카가 질문한 노사(老死)는 인간 존재 모두가 짊어지고 있는 유한성을 늙음과 죽음이라는 두 측면으로 표현한 것이다. 이러한 유한성은 인간의 풀 수 없는 괴로움으로서 그 해결의 길을 발견하려는 것이 부처님의 근본 과제였다. 그리고 마하콧티카는 그 노사에 관해서 사리풋타에게 그것은 자기가 만드는 것(自

作)일까, 남이 만드는 것(打作)일까, 그렇지 않으면 원인이 없이 생기는 것(無因性)일까 하고 물었던 것이다. 이때 사리풋타는 부처님이 설한 연기의 법을 마하콧티카에게 설명했다. 그러나 그는 좀처럼 이해하지 못했다. 당시의 지식인들 사이에 행해졌던 본질 추구의 일반적인 사고방식은 자작인가, 타작인가, 무인성인가라는 식으로 규명하는 것이었기 때문이었다.

그러나 부처님의 사고방식은 그것과는 전혀 다른 연기라는 것이었다. 사람은 보통 어떤 고정된 틀이나 선입견에 사로잡혀 있을 때는 쉽사리 다른 사고방식을 이해하지 못한다. 그도 그러한 상태여서 사리풋타가 설명하는 것을 쉽게 이해하지 못했다.

"사리풋타여, 그것은 도대체 무슨 뜻인가?"

이때 사리풋타는 비유를 들어 '연기'라는 사고방식을 설명했다.

"벗이여, 예를 하나 들어보자. 여기에 두 개의 갈대 다발이 있다. 이들 두 개의 갈대 다발은 서로 의지하고 있을 때 서 있을 수가 있게 된다. 그와 마찬가지로 이것이 있으므로 저것이 있는 것이며, 저것이 있음으로써 이것이 있는 것이다. 그러나 만약 이 두 개의 갈대 다발 중에서 한 개를 빼낸다면 그 갈대 다발은 쓰러진다. 그와 마찬가지로 이것이 없으면 저것은 없을 것이며 저것이 없으면 이것 또한 없는 것이다." 연기는 바로 존재의 내적 연관성 또는 모든 관계성의 원리인 것이다.

# 일체를 버리고 떠나라

부처님은 그 제자들에게 구체적으로 법을 설했을 뿐만 아니라, 자주 제자들에게 질문을 던져서 가르친 것을 제대로 제자들이 납득하고 있는가 시험했다. 이러한 점은 교사로서 부처님의 참 모습을 보여준다. 특히 잡아함 《무상경》은 부처님의 이러한 모습을 매우 간결하면서도 인상적으로 묘사하고 있다.

기원정사에서 있었던 일이다. 아난다가 부처님 앞에 나서서 말했다. "세존이시여, 바라옵건대 저에게 간단한 가르침을 주소서. 저는 그 가르침을 받아 잠시 조용한 곳에 가서 열심히 수행을 하고자 합니다."

때때로 비구들은 숲속이나 사람이 없는 빈집에 들어가서 혼자 명상에 잠겨 던져진 문제나 자신의 내면을 돌아보며 며칠 동안을 보내는 일이 있었다. 그럴 때는 먼저 부처님의 가르침을 받아 그것을 과제로 삼아 명상에 드는 것이 당시의 일반적인 수행방법이었다. 이때 부처님은 먼저 아난다에게 물었다.

"아난다여, 그대는 어떻게 생각하는가? 존재하는 것은 변하는가, 변하지 않는가?"

"세존이시여, 그것은 무상(無常)입니다."

"그렇다면 아난다여, 무상한 것은 괴로움인가, 아니면 즐거움인가?"

"세존이시여, 그것은 괴로움입니다."

아난다가 대답하자 부처님이 다시 물었다.

"그렇다면 이 무상하고 괴로운 것을 나의 것, 나의 몸이라고 말할 수 있겠는가?" 변화해가는 존재 속에서 자기의 소유에 집착하는 것이 바람직한 일인가, 또는 변하지 않는 자기를 생각할 수 있겠는가 하는 질문이었다. 아난다는 그것은 불가능하다고 대답했다. 그러자 부처님이 말했다.

"아난다여, 그 때문에 일체를 버리고 떠나는 것이 좋은 것이다. 일체에서 떠난다면 자유가 될 수 있는 것이다."

'무상-고-무아'로 연결되는 이러한 문답형식은 다른 경전에서도 자주 볼 수 있는 것으로 인생을 바라보는 불교인의 기본적인 인식구조를 잘 나타내고 있다.

# 이미 내가 없거늘 내 것이 있겠는가

인간사회의 경제적 불평등은 오랜 역사를 두고 개인은 물론 집단과 집단 사이에 많은 일들을 발생시켜 왔다. 현대사회에도 부(富)를 차지하기 위한 충돌은 멈추어지지 않고 있다. 그러나 불교에서는 그 성립 초기부터 무아(無我)를 설하고 있다. 따라서 실체적인 자아의 존재를 인정하지 않는 불교에 있어서 그 자아의 것, '나의 것'이라는 개인적 소유는 인정될 수 없었던 것이다. 따라서 불교의 무아설은 당연히 무소유의 사고방식을 가져온다. 《법구경》에 있는 "내 아들이다, 내 재산이다 하여 어리석은 사람은 괴로워 허덕인다. 나의 '나'가 이미 아니거늘 누구의 아들이며 누구의 자식인가."라는 게송은 불교의 이러한 무아설이 필연적으로 가져오는 무소유의 사상을 보여준다.

《법구경》의 또 다른 게송에서도 무아와 무소유의 사상이 나타나고 있다.

**아내와 자식의 집착에 빠져**
**먼 앞길을 생각하지 못하면**
**죽음은 어느덧 덮쳐 가나니**
**잠든 마을 홍수가 쓸어가듯**

불교에서 설하는 무소유는 아무것도 가지지 않은 자의 소유의 부재를 의미하는 것이 아니라 오히려 가진 자들의 소유에 대해 언급하고 있다.

가난한 사람들의 무소유는 사회적 생산물을 가질 수 있게 함으로써 해결할 수 있다. 이것은 적절한 분배를 통한 빈곤의 해결이며 정치 · 경제학의 과제이다. 그러나 불교의 무소유는 이러한 차원을 의미하는 것이 아니라 사회적 부가 한 개인에게 집중됨으로써 생긴 소유에 대한 과제이다.

소유라는 것은 궁극적으로는 노동과 관계가 있으며 세 가지 내용으로 나눌 수 있다.

첫째, 소유는 어떠한 활동의 결과이며, 주체적 활동이 대상화된 것에 지나지 않는다는 것이다. 이 활동은 소유하기 위한 노고(老苦)를 뜻하고 노동이라고 불리워진다.

둘째, 주체적 활동이 대상에 작용함으로써 자기 것이 아닌 물질과 재화를 자기의 것으로 만드는 것으로 그 활동의 목적은 소유이다. 따라서 소유는 그 전제로 노동을 갖는다.

셋째, 주체적 자기 활동이 대상과의 분열을 극복하는 작업으로서 이 분열의 자각이 자기 소외의 자각으로까지 깊어지면 실존이라고 한다. 이 소외를 극복하고 본래의 자기를 되찾으려고 할 때, 이것이 '되찾는 활동'으로서의 노동이다.

불교에서 소유에 대한 무소유의 자각을 강력하게 요청하는 것은 경제적 빈곤이 해결되어도 정신의 빈곤이 강하게 남아있기 때문이다.

불교에서 뜻하는 무소유의 논리는 끝없이 확대되는 욕망의 억제이며 자유로운 노동의 회복을 통한 소외의 극복이다.

# 영원한 것은 없다

**모든 지어진 것은 덧없는 것이다**(諸行無常).

**모든 지어진 것은 괴로운 것이다**(一切皆苦).

**모든 지어진 것은 무아이다**(諸法無我).

이것은 《법구경(法句經)》에 나오는 시구로 각 시구마다 "이렇게 지혜로써 깨달은 자는 괴로움을 진실로 느끼지 않아 모든 것에서 그 자취를 깨끗이 한다."라고 덧붙이고 있다.

불교에서는 앞의 세 시구를 삼법인(三法印)[16]이라고 하는데

16) 삼법인(三法印): 불교의 기본 교의를 세 가지로 나타낸 것으로 제행무상(諸行無常) · 일체개고(一切皆苦) · 제법무아(諸法無我)를 말한다. 인(印)은 불변하는 진리라는 표시이다. 이러한 삼법인데 '열반적정(涅槃寂靜)'이 더해져서 사법인(四法印)이 되기도 한다. 그리고 그 중에서 일체개고를 빼고 제행무상 · 제법무아 · 열반적정을 삼법인으로 삼기도 한다.

'이것은 불법이다'라는 도장이 찍혔다는 뜻으로, 원시불교 경전에 자주 등장하고 있다. 어느 경전을 봐도 무상 · 고 · 무아의 순서는 바뀌지 않는데 그것은 무엇을 의미하는 것인가?

출발은 일체개고(一切皆苦)에 있다. 고(苦)란 생 · 노 · 병 · 사의 사고(四苦)를 말한다. 거기에 애별리고(愛別離苦: 사랑하는 사람과 헤어지는 괴로움) · 원증회고(怨憎會苦: 미워하는 사람과 만나는 괴로움) · 구부득고(求不得苦: 구하는 것을 얻지 못하는 괴로움) · 오온성고(五蘊盛苦: 이상을 총괄해서 다섯 가지가 모인 것, 즉 일체는 괴로움이다)를 합쳐서 팔고(八苦)로 설명하는 등 여러 가지 해설이 행하여지고 있다.

요컨대 괴로움이란 자기가 바라는 대로 되지 않는 것을 말한다고 할 수 있다. 생각대로 되지 않고 바라는 대로 되지 않으며 또 바라는 바에 어긋나는 것, 이것이 우리들의 현실인 것이다. 무엇이든지 생각대로 이루어져서 고통이 없는 세상이 있을 수 있는가. 생각대로 되지 않는 것 중에 가장 큰 것은 무엇인가.

우리들은 일반적으로 그것을 우리들의 밖에 있는 것이라고 생각한다. 확실히 일상생활에서는 많은 것들이 우리들의 앞을 가로막고 있다.

밖에 있는 것들은 잠시 참고 그것이 통과해 버리기를 기다릴 수가 있다. 문제는 그 세계를 더욱 깊이 파내려가 보면 생각대로 되지 않는 근원은 실은 자기 자신에게 있으며, 자기 자신이야말로 자기가 바라는 대로 되지 않는 종착점이라는 사실이다. 다시 말해서 자기가 자기를 배반하고 자기를 파괴하고 있는 것이다. 곧 자기모순이며, 자기 부정이다. 그것을 사람들은 모두 짊어지고 그러한 모순 속에 살고 있다.

이렇게 해서 일상의 세계를 뛰어 넘는 종교의 세계에 눈을 돌리게 되는 것이다. 원시불교의 사제(四諦) · 중도(中道) · 연기(緣起)의 가르침도 여기에서 비롯된다.

괴로움을 거슬러 올라가면 인간이 지니고 있는 죽음이라는 시간적 유한성에 부딪치게 된다. 수명이 비록 백 살이 된다 할지라도 무한의 세계에서 본다면 일순간에 지나지 않는다. 그것은 무상일 수밖에 없다. 우리들의 존재와 행위도 모두가 시간의 진행 위에 있다.

시간은 쉬지 않고 움직이고 있기 때문에 그것을 붙잡았다고 생각하는 순간에 이미 떠나가 버리고 없는 것이다. 제행 즉 우리들의 활동을 무상이라고 말한 것을 그 활동을 넘어선 세계의 영원함을 그 안에 감추고 있는 것이라고 해석하는 사람들도 있다. 그러나 그러한 세계를 빌고 그것에 도취되는 것은 진정한 깨달음을 추구하는 자세일 수 없다.

오히려 무상의 세계를 무상 그대로 받아들여서 그 무상의 한가운데서 의연하게 살아가야 한다. 그렇기 때문에 이 한순간 한

순간을 진실되고 진지하게 살아가라는 것이다.

자기가 스스로에게 모순되고, 부정될 때 그 자기를 무아라고 말하지 않을 수 없다. 일상 세계의 반성에 의해서 무아는 일체의 사물에 대한 무아로 확대된다.

따라서 자기가 귀의할 곳은 자기 뿐 이라는 철저한 주체성의 확립을 통해 절대의 자아, 자아에 대한 고집, 자기 소유 등을 모두 초월한 실천에 전념할 때 평화롭고 고요한 열반의 이상향이 우리의 눈앞에 펼쳐지는 것이다.

# 깨달음을 얻으려면

부처님이 마가다국의 라자가하(王舍城) 교외의 영취산에 있을 때였다. 그 무렵 근처의 한적한 숲속에서 수용나(守龍那)라는 비구가 수행을 하고 있었다. 그는 참으로 치열하게 수행했지만 좀처럼 깨달음의 문을 열지 못했다. 이때 그의 마음에는 서서히 회의가 고개를 들기 시작했다.

"부처님의 제자 중에서 나만큼 열심히 수행하고 있는 사람은 없을 것이다. 그런데도 나는 깨달음의 경지에 이르지 못하고 있으니 어찌된 일일까? 차라리 집으로 돌아가는 것이 좋지 않을까? 우리 집에는 재산이 있다. 그만한 재산이면 행복한 생활을 할 수 있을 것이다. 이 길을 버리고 세속의 생활로 돌아가 버릴까?"

부처님이 수용나의 마음을 읽고 찾아가 수행에 관해 이것저

것을 묻자 그는 망설이다가 속마음을 솔직하게 털어 놓았다.

"수용나여, 그대는 출가하기 전 집에 있을 때 시타를 잘 쳤다고 하는데 그게 사실인가?"

"네, 약간 칠 줄 알았습니다."

"그렇다면 수용나여, 잘 알고 있겠구나. 시타를 칠 때 줄이 너무 세게 당겨져 있으면 좋은 소리가 안 나오지 않는가?"

"그렇습니다."

"그렇다고 줄이 너무 느슨하게 늘어져 있어도 역시 좋은 소리는 안 나오지 않는가?"

"그렇습니다."

"그렇다면 어떻게 해야만 좋은 소리를 낼 수 있는가?"

"그것은 너무 세지도 않고, 너무 약하지도 않게 알맞게 줄을 당겨서 매는 것이 중요합니다."

"수용나여, 깨달음의 수행도 바로 그것과 똑같다고 생각하면 된다. 수행이 지나치면 그것 때문에 거만한 마음이 생겨서 차분해지지를 못한다. 수행이 방만하면 또 게을러지기 쉽다. 수용나여, 수행에서도 그대는 그 중간을 취하여야 하느니라."

그때부터 수용나는 부처님이 설하신 시타의 이야기를 마음에 간직하여 다시 차분하게 수행을 계속했다. 그리고 마침내 깨달음의 경지에 이르렀다.

# 지나치지 말라

부처님은 일상생활에서 일어나는 사소한 일을 놓치지 않고 그것을 비유로 삼아 가르침을 펴곤 했다. 특히 잡아함 《천식경(喘息經)》의 가르침은 웃음을 자아내게 하면서도 불교의 핵심인 중도를 명쾌하게 설명하고 있다. 내용은 다음과 같다.

부처님은 자주 왕들의 방문을 받았고 그때마다 구체적인 가르침을 주었다. 이날도 코살라 국의 파세나디 왕이 찾아왔다. 그런데 왕은 숨을 몹시 거북하게 몰아쉬고 있었다. 부처님이 그 까닭을 물어보니 왕은 자주 과식을 하는 버릇이 있는데 이날도 맛있는 음식을 너무 배불리 먹은 탓이라는 것이었다.

거북한 듯 큰 숨을 가쁘게 들이쉬고 있는 왕의 모습을 잠시 미소 띈 얼굴로 바로보고 있던 부처님은 곧 왕을 위해서 게송을 하나 지어 읊어 주셨다.

**사람은 스스로 헤아려**
**양을 알고 음식을 들어야 하네.**
**그래야 괴로움도 적고 늙기도 천천히 하여**
**수(壽)를 다 누리리라.**

그때 웃타라라는 소년이 왕의 시중을 들기 위해 뒤에 서 있었다. 왕은 그 소년에게 말했다.

"웃타라야, 너는 방금 세존께서 불러주신 게송을 외워 내가 식사할 때마다 부르도록 하라. 그러면 네게 매일 백전씩을 주겠다."

"대왕님 분부대로 거행하겠습니다."

소년은 부처님이 준 게송을 외워 매일 왕이 식사할 때마다 불러 주었다. 왕은 그 게송을 들으면서 식사를 했다. 차츰 먹는 양을 줄이게 되었으며 그 결과 비대했던 몸집도 날씬해지고 건강해짐과 동시에 용모도 단정하게 되었다.

그러던 어느 날 왕은 자기 손으로 제 몸을 어루만지며 기쁨에 넘쳐서 부처님이 계신 쪽을 향해 절을 하고 큰 소리로 세 번 말했다.

"참으로 세존께서는 두 가지 이익으로써 나에게 은혜를 베풀어 주셨도다. 나는 세존의 덕택으로 현재의 이익과 미래의 이익을 얻을 수 있게 되었다."

참으로 일상적인 가르침이다. 부처님의 가르침은 이처럼 일상 생활의 행동 하나하나에 찬란히 살아있다. 이 게송을 불교의 원리에 적용시켜 본다면 앞에서 말한 중도(中道)이다.

중도란 금욕주의도 아니고 쾌락주의도 아니다. 이 양극단을 떠나 올바른 삶으로 이끌어 주는 나침반이다. 그것을 일상생활의 식생활에서 '양을 알고 음식을 든다.'라고 표현한 것이다.

# 연기(緣起)를 보는 자 법(法)을 본다

중아함(中阿含)과 중부경전(中部經典)에 "만약 연기를 보면 즉 법을 본다. 만약 법을 보면 즉 연기를 본다."라는 구절이 있다. 한편 제 2의 부처님, 8종의 조사로 불리는 나가르주나(龍樹)는《중론(中論)》24장의 40게(偈)에서 다음과 같이 갈파하고 있다.

**이 때문에 경(經)에서 설하기를**
**인연법(因緣法)을 보면**
**곧 능히 부처님을 보며**
**고집멸도(苦集滅道)를 본다고 했다.**

고 · 집 · 멸 · 도는 이른바 사제(四諦)의 법이며, 부처님의 초전법륜(初轉法輪: 최초의 설법)의 핵심이다. 요컨대 나가르주나는 원시불교 경전에 보이는 연기를 공사상과 연결시키면서 연기가 불법에 맞닿아 있음을 밝히고 있다.

사실 연기라는 개념 또는 술어가 불교사상사에서 어느 시기에 생기고 확립된 것인가는 아직 확실하지 않다. 하지만 많은 원시경전은 부처님이 연기의 이법을 깨우쳐 성도했다고 기록하고 있거니와 연기설이야말로 부처님으로 하여금 생로병사의 괴로움의 세계에서 벗어나는 깨달음을 얻게 한 원리라고 설명하고 있다.

연기설에 관해서는 수많은 수식어가 붙어 있다. 그러나 우리는 그 경전들이 역사적 사실을 그대로 전해주는 것이 아니라는 것을 알고 있다. 특히 원시경전의 연기설을 보면 반드시 십이연기설(十二緣起說)[17]외에는 변형이 명백하므로 부처님이 그대로 설했다고 생각하는 것은 무리임에 틀림없다. 그럼에도 불구하고 연기설은 원시경전뿐만 아니라 《중론》을 비롯한 대승불교에서 매우 핵심적인 개념으로 자리잡고 있다. 그것은 연기설이 불교의 여러 사상을 하나로 간추려서 알기 쉽게 설명하고 있기 때문이다.

17) 십이연기설(十二緣起說): 인간 삶의 생존이 12가지 조건에 의해서 성립되어 있다는 설. 원시 불교의 가장 기초적인 교의로서 원래 아함경전에 설해졌다. 12가지는 無明 · 行 · 識 · 名色 · 六處(六入) · 觸 · 受 · 愛 · 取 · 有 · 生 · 老死이다.

연기란 문자 그대로 '인연이 되어서 일어나는' 또는 '인연이 되어서 일어나고 있는' 모습을 나타낸다. 여기서는 '연(緣)'이라는 개념과 '기(起)' '생(生)'이라는 개념과의 연결을 볼 수 있다. 먼저 후자부터 살펴보자.

'생'이란 개념은 존재를 정지한 상태에서 보는 것이 아니고 항상 시간적인 유동 속에 그 존재를 놓고 파악한다. 제행무상(諸行無常) 즉 모든 것은 무상하다는 부처님의 깨달음은 이것을 표현하고 있다. '생'이라는 것은 당연히 인(因)에서 과(果)의 생기(生起)를 뜻한다. 여기서 자연히 인이 떠오르게 된다. 불교는 여기에서 또 사유를 확대시킨다.

보통은 일인일과(一因一果)를 설정하지만 꼭 그렇지만은 않다. 인은 하나가 아니며 여러 개이거나 무수히 많을 수도 있다. 특히 인과의 과정을 볼 때, 그것이 연으로부터 나온 과라고 말하지 않을 수 없음을 깨달을 때 인의 많음은 더욱 명백해진다. 엄격히 말하면 인이 항상 과에 그대로 연결되는 것이 아니다.

인이 연의 뒷받침을 받아서 더욱이 수많은 연의 도움을 받아서 비로소 과에 이르는 것이다. 이렇게 해서 앞에 말한 '연'은 '생'의 설명에서 자명해진다.

통상적으로 인은 원인, 연은 조건으로 구별된다. 그러나 이것도 편의상 그렇게 구분한 것뿐이다. 여기서 말하는 연은 우리가 일상생활에서 흔히 쓰는 말인 '인연'이라고 생각해도 무방하다. 흔히 청춘 남녀 사이의 사랑을 이야기할 때 '인연이 있어서'라는 말을 쓰기도 하지만 독자들이 지금 이 책을 읽고 있는 것도 인연이 있기 때문이다.

이 세상사에서 특히 인간관계는 '인연이 있어서' 맺어지고 '인연이 있어서' 깊어지는 것이다. 이 인연의 실타래를 거슬러 올라가 그 궁극을 본다면 우리들은 인생의 비밀을 알게 될 것이다. 그러나 부처님만이 그 인연의 끝을 알고 있으며, 우리들은 그 단편에서 살고 있는 것이 아닐까.

# 서로 의지하여 존재한다

'제법실상(諸法實相)'은 《법화경(法華經)》의 독자적인 사상으로 생각하고들 있지만, 실은 《법화경》에만 있는 것은 아니다. 이 말을 만들어낸 이는 구마라집(鳩摩羅什)이다. 그가 《반야경(般若經)》《법화경》《중론(中論)》 등을 한문으로 번역할 때 여러 종류의 다른 원어를 자유롭게 '제법실상' 또는 '실상(實相)'이라고 뭉뚱그려 번역함으로써 독특하면서도 다양한 의미를 갖게 된 것이다.

제법실상을 나타내는 산스크리트어는 다섯 종류가 있다. 다르마타(dharmatā: 법으로 있다는 것, 法性), 미살바다르마 · 다다다아(무릇 법이 법으로서 있는 모습), 부우다(實際), 다르마스바바아바(dharmasvadhāva, 법의 自性), 밧토바스야 · 라크샤나(그것이 그것인 相) 등 다섯 가지의 원어는 모두 '연기(緣起)'와 동의어이다. 여기에서 원시불교의 '연기'와, 대승불교의 '제법실상'이 실은 같은 사상이었음을 알게 된다. 지금까지 《법화경》의 '제법실상'은 《법화경》 특유의 것으로 원시불교의 사상보다 깊이 있는 것이라고 생각하여 왔지만 근본적으로 근거가 없는 것이다.

'제법실상'은 그 뜻을 원어에서 찾아보면 존재하는 모든 것은 서로 의지하고 서로 상관된 관계에 놓여 있음을 의미한다. 그러나 '제법실상(諸法實相)'이라는 한자로 번역되어서 하나의 술어가 되고 보니 이것을 '제법(諸法)'의 '실상(實相)'이라고 보느냐, 아니면 '제법(諸法)'은 '실상(實相)이다'라고 보느냐에 따라서 의미가 상당히 달라지게 된다. '제법'은 존재이므로 '제법의 실상'이라고 하면 '존재의 실상'이 되어 '연기'와 연결된다.

'제법은 실상이다'라고 보면 제법은 현상이고 실상은 실재이므로 '현상 즉 실재(現象卽實在)'라는 사고방식이 성립하게 된다. 이것은 '차별 즉 평등(差別卽平等)' '번뇌 즉 보리(煩惱卽菩提)'라는 사고방식과 연결되고 있다. 이렇게 되면 존재하는 것은 모두 상관관계에 있다고 하는 연기의 사고방식과는 상당한 차이가 있는 해석이 되는 셈이다.

이 현상으로서의 존재가 그대로 모두 실재라는 이른바 '현상 즉 실재(現象卽實在)'의 사고방식은 똑같은 존재를 양면에서 보는 셈이다. 즉 인간의 입장에서는 존재를 현상으로 보고, 인간으로 하여금 인간이게 하는 영원한 것의 입장에서는 존재를 실재로 보는 것이다. 그러므로 인간이 영원한 것과 똑같다는 자각을 갖는다면 그때부터 '현상 즉 실재'라고 말할 수 있게 될 것이다.

그런데 원시불교에서는 존재를 어떻게 보는가에 주안점을 두었기 때문에 존재의 상관관계성(相關關係性)이 표면에 드러나고, '현상과 실재'라는 이원적 사고방식은 나타나지 않았다. 위대한 철학자는 개념을 만들어내는 사람이라는 말도 있거니와 사상이라는 것은 언어를 매개로 하는 것이므로 말이 생겨나면 그 순간부터 새로운 사상의 발전이 전개되는 것이다.

# 모든 것에는 원인이 있다

부처님의 제자 가운데 가장 뛰어난 이는 역시 사리풋타(舍利弗)와 목갈라나(木犍連)이다. 이들이 부처님께 귀의하게 된 동기를 《율장》 〈대품〉은 다음과 같이 설명하고 있다.

두 사람은 당시의 유명한 자유사상가의 한 사람인 산자야의 제자들이었다. 산자야는 그때 인도에서 제일 강한 마가다국의 도성(都城)이 있는 라자가하(王舍城)에서 제자들을 가르쳤다. 그는 일종의 불가지론(不可知論) 또는 회의론(懷疑論)을 설명하고 진리의 상대성(相對性)을 주장하여 250명에 이르는 제자를 거느리고 있었다. 그중 사리풋타와 목갈라나는 매우 친한 친구였는데 먼저 불사(不死)의 (道)를 터득하면 서로 이야기하기로 약속했다.

어느 날 부처님의 제자인 앗사지가 아침 일찍 라자가하로 들어가 탁발을 하고 있었다. 사리풋타는 단정하고 위엄이 넘쳐흐르는 그의 모습에 감동을 받고 이 사람이야말로 존경할만한 출가수행자라고 감탄하였다. 그래서 탁발이 끝난 앗사지에게 물었다.

"당신은 누구를 따라 출가하였으며 누구를 스승으로 삼고 계십니까?"

앗사지는 대답했다.

"나는 샤카족의 집안에서 출가한 분을 따라 출가했으며, 그 분을 스승으로 삼아 가르침을 받들고 있습니다."

"그러면 그 스승은 어떤 법을 말씀하셨습니까?"

"나는 어리고 출가한지 얼마 안 되는 사람입니다. 그 법을 자세하게 설명할 수가 없습니다."

"조금이라도 말씀해 주십시오. 저는 다만 그 본질을 조금이나마 알고 싶습니다."

앗사지는 다음과 같이 법에 관한 가르침을 게송으로 설명했다.

**모든 것은 원인으로부터 생긴다.**
**여래는 바로 이 원인에 대해 말씀하신다.**
**또 이들 원인의 소멸에 대해 말씀하신다.**
**위대한 사문은 이와 같이 말씀하신다.**

이 게송을 듣고 사리풋타는 티끌 하나의 더러움도 없는 진리를 보는 눈이 생겼다. '모든 생(生)하는 법(法)은 모두 멸망하는 법이다'라는 진리를 깨우친 것이다.

"그것만으로도 충분한 가르침입니다. 당신들은 이미 근심이 없는 경지를 깨우치신 것입니다. 그것은 오랜 기간이 걸린다하더라도 쉽게 얻을 수 없는 것이 아닙니까?"

사리풋타는 곧 목갈라나를 찾아갔다. 목갈라나가 사리풋타를 보니 그 얼굴은 밝고 안색은 빛나 보였다. 한 눈에 그가 죽음을 넘어서는 세계를 깨달았음을 알 수 있었다. 앗사지와 만났던 일의 자초지종을 자세하게 듣고 목갈라나도 티없이 깨끗한 진리를 보는 눈이 생겼다. 두 사람은 산자야에게 이별을 선언하고 250명의 바라문들과 함께 부처님의 제자가 되었다. 이때 산자야는 분개한 나머지 입에서 피를 토하며 죽었다고 한다.

부처님은 두 사람이 오는 것을 멀리서 보고 옆에 있던 비구들에게 "보라, 저기에 두 사람의 벗이 온다. 그들은 나의 가르침에 따라 수행하는 사람 가운데 한 쌍의 수좌(首座)가 되리라."라고 예언하셨다.

이윽고 두 사람은 부처님에게 청하여 출가했다. 그리고 두 사람의 뒤를 이어 마가다국의 많은 청년들이 부처님을 따라 깨끗한 수행을 행하게 되었다.

이 이야기에서 알 수 있듯이 '모든 것은 원인에서 생하고 멸한다.'는 진리는 앗사지의 행동 하나하나에 청정과 위엄을 주었으며, 그것이 사리풋타와 목갈라나를 비롯한 많은 사람들을 부처님에게로 인도하는 동기가 된 것이다.

우리들은 일상생활 속에서 막연하게 우리들의 주위에서 수많은 사물들이 발생하며 또 소멸하고 존재하는 것을 본다. 그것들은 우리들과 깊은 관련이 있든 없든 우리들 눈앞을 스쳐간다.

그중에서 특히 우리들과 깊은 관련이 있는 것을 만났을 때, 비로소 그것이 어디에서 왔으며 어떻게 생기게 되었는가를 묻게 된다.

하지만 잠시 동안 생명을 부여받고 있는 것의 원인을 알고자 하면서도 그것이 언젠가는 소멸해서 없어진다는 것을 생각하지 않는다. 또 탄생과 그 존재의 삶이 진행되는데 원인이 있었던 것과 마찬가지로 그것은 곧 원인이 생겨서 소멸하는데 우리들은 그것을 깨닫지 못하고 있다. 생하는데 원인이 있고 멸하는 데도 원인이 있다. 이 가르침이 발전해서 연기설(緣起說)이 된다.

# 인연법을 벗어나는 것은 없다

나가르주나(龍樹)는 그의 대표적인 저작인 《중론(中論)》의 24장 18게에서 "뭇 인연에서 나는 법(衆因緣生法), 이를 나는 공(空)이라고 말하며 겸하여 거짓인 이름(假名)이라고 하며 중도(中道)의 이치라 부르기도 한다."라고 밝히고 있다.

구마라집(鳩摩羅什)은 '공'을 '무(無)'라고 표현하고 있으나 산스크리트 본(本)에는 '순야타(śunvatā)'라고 되어 있다. 또 이 게송에 따라서 교의(敎義)를 확립한 중국의 많은 불교학자들은 '공(空)'이라고 읽는다.

《중론》은 '공' 사상의 기초를 세우고 대승불교사상을 이론화시켰다고 하는데, 그것은 앞의 게송만 보아도 명백하다. 즉 일체를 많은 인연으로부터 생하는 중인연생법(衆因緣生法)으로 보는 연기사상은 일체를 고정시켜서 보는 것을 부정할 뿐만 아니라 그 자신만으로 독립적으로 존재한다는 실체 또는 본체를 인정하지 않는다.

어떠한 것도 반드시 다른 것과의 관계에서 존재하는 상관적인 존재라는 것이다. 그리고 그 관계는 서로 긍정해서 존재하는 경우도 있고, 서로 모순되고 부정하며 존재하는 경우도 있다. 그 밖에도 여러 가지 존재방식이 있음이 밝혀지고 나면 일체의 존재는 '공(空)'이라고 하지 않을 수 없다. 또한 단독자로 존재할 수 없는 '공'이기 때문에 일체의 존재는 서로 관련을 가지면서 그 장소에서 그것으로서 존재하는 것이 가능해진다.

《중론》에서는 이러한 존재방식을 철저히 규명하고 있다. 예를 들어 열반(涅槃)과 같은 최고의 이상적 경지도 우리들이 지금 살고 있는 생사윤회(生死輪廻)를 되풀이하는 이 세상과 상관관계에 있다는 것이다.

또 부처님의 본질도 중생의 본질과 상관관계에 있다고 규명하고 있다. 반대로 번뇌(煩惱) · 전도(顚倒) 등의 본질도 깨달음과 상관관계에 있음을 밝혀서 일체의 내용을 끝까지 확대시켜 나가고 있다. 이렇게 하여 열반도, 부처님도, 또 번뇌나 전도도 일체가 고정된 것이 아닌 이상, 우리들의 삶과 실천 속에서 전자를 실현시키고 후자를 소멸시켜 나가는 길을 《중론》은 상세하게 설명하고 있다. 뿐만 아니라 그 실천에 있어서 자기의 성과에 안주하고 집착하는 것을 모두 배제하고 있다. '공'의 존재방식은 이러한 실천에 있어서 특히 참다운 뜻을 지니게 하는 것이다.

나가르주나는 또한 '연기-공'을 가명(假名)이라고 말하고 있다. 이것은 상대적인 가설이라 할 수도 있다. 그것은 연기라든가 공이라든가 하는 것만이 '가(假)'가 아니라, 연기 또는 공이라고 말하는 것 자체, 요컨대 개념 또는 언어에 의한 표현, 그 자체가 '가'인 것에 불과하다는 주장이다. 즉《중론》및 나가르주나 자신의 말에 대해 철저히 반성하고 있는 것이다.

언어는 우리들이 현실을 살아가는데 반드시 필요한 것이지만, 그것은 어디까지나 편의적인 것에 불과하다. 언어를 사용함으로써 우리들은 생각을 하고 삶을 영위하고 있지만, 그렇다고 언어 그 자체에 실체가 있지는 않다.

결국 언어 자체도 공이라고 하지 않을 수 없고 따라서 그것은 상대적이며 '가'인 것이다. 그럼에도 불구하고 그 언어가 '가'라는 것, 다시 말해서 언어의 허구라는 말 자체도 실은 언어를 통하지 않고는 말할 수 없다.

그래서 나가르주나는 마지막으로 중도(中道)라고 했다. 중도란 항상 양극단의 한계를 뚜렷이 보면서 그 어느 쪽에도 치우치지 않고 그것을 초월해 나아가는 것이다. 그리고 그 중도는 부처님의 초전법륜(初戰法輪)의 핵심 중의 하나이기도 하다.

공의 논리가 중도에 연결되는 이 점에서 나가르주나는 부처님과 직결되고 있는 것이다. 나가르주나가 제2의 부처님이라고 칭송받는 것도 이 점에 있지 않을까 생각해본다.

우리들은 우리들의 삶이 다른 존재들과 무한히 상호 연관되어 있음을 똑바로 보아 일체의 구속에서 벗어나 중도를 실천해야 한다. 이것이 바로 불교적 인생인 것이다.

# 번뇌의 강을 건너려면

저쪽 기슭을 뜻하는 피안(彼岸) 또는 도피안(到彼岸)이라는 말은 번뇌를 해탈한 이상적인 세계를 상징하는데, 이는 부처님이 비유로써 행한 설법에 그 기원을 두고 있다. 잡아함《목우자경(牧牛子經)》은 이를 다음과 같이 전하고 있다.

부처님이 네란자라 강의 기슭에 있는 밧지의 웃카체라라는 마을에 머물고 있을 때였다.

하루는 부처님이 제자들을 위해서 다음과 같은 이야기를 했다.

"비구들이여, 옛날 마가다국에 한 어리석은 목동이 있었다. 장마철의 마지막 달이 끝나자 그는 새로 자라난 풀을 찾아 소 떼를 몰고 강을 건너려고 했다. 그러나 그는 이쪽저쪽 기슭을 잘 살피지도 않고 건너는 지점도 아닌데서 소 떼를 몰고 건너려고 했기 때문에 강의 중류에서 소들은 모두 물에 빠져 죽어버렸다.

비구들이여, 사문이나 바라문도 그와 마찬가지다. 만약 그가 이 세상을 잘 관찰하지 않고 또 죽음의 세계도 바라보지 않은 채 모든 것을 잘 알지도 못하면서 사람들을 인도하려고 한다면 그를 믿고 따르려는 사람들은 오랫동안 불행을 당하고 말 것이다.

그러나 비구들이여, 그 옛날 마가다국에 이번에는 어진 목동이 있었다. 그도 장마철의 마지막 달이 끝나자 소 떼를 거느리고 강을 건너려 했다. 그는 먼저 이쪽 기슭을 잘 관찰하고 또 저쪽 기슭도 잘 살핀 다음, 건너기 좋은 장소를 택해 소 떼를 몰고 건넜다. 그는 먼저 소 떼 중에서도 가장 힘센 놈들을 강으로 몰아 무사히 저쪽 기슭으로 건너가게 했다.

그 다음에는 비교적 힘이 있고 길을 잘 들인 소들을 강으로 몰아 역시 무사히 저쪽 기슭으로 건너가게 했다. 마지막으로 힘이 약한 송아지들을 강으로 몰았는데 그것들은 이미 저쪽 기슭으로 건너간 어미 소들이 부르는 소리에 이끌려서 힘을 내 무사히 세찬 물결을 헤치고 피안에 이를 수가 있었다.

비구들이여, 그와 마찬가지로 사문이나 바라문도 역시 이 세계를 잘 관찰하고 또 저승의 세계도 돌아보아서 모든 것을 완전히 안 다음에 사람들을 인도할 수 있다면 그를 따라 믿음을 가지

려는 사람들은 오래오래 행복할 수 있을 것이다." 부처님은 현실의 생활을 이쪽 기슭으로 이상적인 생활을 저쪽 기슭으로 비유하여 어떻게 번뇌를 제거하고 해탈로 나아갈 수 있는가를 가르친 것이다.

부처님은 당신이야말로 믿고 따를 만한 사람이며 당신의 가르침이 번뇌의 강을 건너는 길잡이임을 확신에 찬 목소리로 피력하고 있다.

# 꽃향기같이

무아는 부처님의 가르침 중에서 매우 핵심적인 것이다. 그러나 부처님이 말하는 무아란 흔히 일반적으로 쓰이는 무아지경(無我之境), 즉 꿈 속 같은 상태에 놓인 자아이거나 무언가에 몰입하여 자신을 잊어버린 경지를 말하는 것이 아니다. 오히려 자신의 실체를 냉정히 바라보고 냉철하게 관찰하는데서 무아의 원리는 시작된다. 즉 나의 실체란 어떠한 것인가 하고 명석하게 관찰해 보면 우선 내가 소유하는 것들이 나일 수는 없다. 또 외형을 이루는 몸이 그대로 나라고 할 수도 없다. 그렇다고 부처님은 영혼 같은 것의 존재를 가정해서 그것을 나의 본질로 취하지도 않는다.

그러한 관찰의 결과를 부처님은 때때로 "나의 소유(我所)가 아니다. 나 자신(我我)이 아니다. 나의 본질(我體)도 아니다."라고 표현하고 있다. 이 표현은 부정의 측면만이 강조되어 있어서 일반인들이 이해하기가 곤란하다. 그런데 잡아함《차마경(差摩經)》을 보면 차마(差摩)라는 비구가 "나(我)는 있다."라고 주장하여 도리어 무아의 원리를 이해하기 쉽게 해주었다.

차마가 코삼비의 고오시다라는 정원에 아파서 누워 있을 때였다. 비구들이 병상에 있는 그를 방문하여 "어떤가, 참을 수 있겠는가?" 하고 묻자 "몹시 아파서 참을 수 없다"고 대답했다. 그러자 병문안을 간 비구들이 그를 위로하며 말했다.

"세존께서 무아(無我)의 가르침을 주시지 않았는가?"

그러자 차마는 정색하며 대답했다.

"나는 나(我)가 있다고 생각한다."

이러한 차마의 말은 물의를 일으켜 많은 비구들이 몰려왔다. 그때 차마는 이렇게 말했다.

"벗들이여, '나(我)가 있다'고 말한 것은 육체가 '나'라는 뜻이 아니다. 또 나의 감각이나 의식을 가리킨 것도 아니다. 또는 그것들을 떠나서 따로 '나'가 있다는 말도 아니다. 벗들이여, 그것은 예를 들어 파드마(鉢曇摩)[18]나 푼다리카(分陀利華)[19]의 꽃향기와도

18) 파드마(padma, 鉢曇摩): 붉은 연꽃

19) 푼다리카(Puṇdarika, 分陀利華): 백색의 연꽃을 말한다. 서방정토의 연꽃은 청(靑) · 황(黃) · 적(赤) · 백(白)의 4종이며 꽃의 봉오리 상태, 개화, 시듦의 정도에 따라 이름이 다르며 푼타리는 백색 연꽃이 핀 상태를 말한다.

같은 것이다. 만일 어떤 사람이 꽃잎에 향기가 있다고 말한다면 그 말이 옳은가, 또 그 줄기에 향기가 있다고 한다면 그것이 옳은가, 또는 꽃술에 향기가 있다고 한다면 그것이 옳은가 어느 것도 아닐 것이다.

따라서 꽃에 향기가 있다고 하는 것이 옳을 것이다. 그와 마찬가지로 육체가 '나'라고 생각해서는 안 된다. 감각이나 의식을 '나'라고 생각해서도 안 된다. 또는 그것을 떠나서 달리 '나'의 본질이 있는 것도 아니다. 그것들의 통일된 실체로서 '나가 있다'고 말한 것이다."

무아는 이처럼 아무것도 없다는 식의 허무가 아니다. 여기에서 우리는 무아의 적극적이고 긍정적인 의미를 발견할 수 있다.

# 죽지 않는 자 있는가

삶과 죽음의 문제는 인간에게 있어서 영원한 주제이다. 부처님은 그 해결의 실마리를 자연스러움에서 찾았다. 다시 말하면 죽음은 자연의 순리이며 그것을 그 자체로서 인정함으로써 죽음의 암울한 그림자에서 벗어나 역동적인 삶으로 극복, 승화할 수 있다는 것이다.

이것은 깨달음을 얻은 뒤에 부처님이 기회가 있을 때마다 '목숨 있는 자는 죽음으로 돌아간다'고 설법한 것으로 나타나고 있다. 《열반경》에 다음과 같은 이야기가 전한다.

하루는 사랑하는 어린 자식을 잃은 키사고타미라는 여인이 죽은 아들을 안고 부처님을 찾아왔다.

"부처님의 힘으로 제발 다시 살아나게 해주십시오."

자식을 잃은 여인은 미친 듯이 애원하였다.

부처님은 이 가엾은 여인을 자애로운 눈빛으로 쳐다보며 말했다.

"불쌍한 여인이여, 슬퍼하는 것도 무리는 아니다. 그러나 목숨있는 자는 언젠가는 반드시 죽어야 하는 법이다. 만약 꼭 살리고 싶다면 나라 안을 샅샅이 뒤져 옛날부터 한 번도 죽은 사람을 내보낸 적이 없는 집을 찾아가 겨자씨 한 알만 얻어오면 내가 이 아이를 다시 살아나게 하겠다."

거의 미치다시피 한 여인은 온 마을을 찾아다녔지만 그러한 집이 있을 리가 없었다. 그녀는 죽음이란 누구에게나 언제든지 올 수 있는 것이며 영원히 살 수 없다는 것을 깨닫기 시작했다.

"생의 처음이 있으면 죽음의 끝이 있는 법이다. 자기 아들에 한해서 죽지 않기를 바란다는 것은 하늘과 땅이 움직이는 생멸의 이치를 모르기 때문이다."

그리고 부처님은 자식 잃은 어머니의 마음을 위로했다.

불교의 인간관 · 우주관은 사람은 물론 생명이 있는 것은 모두 죽는다는 당연한 이치에서 출발한다. 이것이 바로 불변의 진리, 즉 세계와 인간의 존재의 법칙인 것이다. 이것을 당연한 것으로서 받아들일 수 있게 되었을 때, 비로소 사람들은 갖가지 고뇌에서 벗어날 수 있다.

# 이 세상에서 가장 즐거운 것

어느 것에도 치우치지 않는 중도야말로 불교의 핵심적인 가르침이다. 여러 경전에 이에 관한 말씀이 있지만 여기에서는 잡아함《제왕경(諸王經)》을 살펴보기로 한다.

어느 날 코살라의 사밧티에 파세나디(波斯匿)를 비롯하여 여러 왕들이 모여 향이 진한 술을 마시며 미녀를 곁에 두고 갖가지 환락을 만끽하고 있었다. 그러던 중 누가 먼저 말을 꺼내기 시작했는지는 모르지만 '이 세상에서 가장 즐거운 것은 무엇인가'라는 것이 그들의 화제가 되었다.

어느 왕은 '색(色)이 욕애(欲愛)의 첫째'라고 주장했다. 색이란 눈으로 보는 사물을 말하는 것이므로 그것은 아름다운 것을 바라보는 것이 가장 즐거운 것이라는 뜻이다. 어떤 왕은 '성(聲)이 욕애의 첫째'라고 주장했다. 성이란 귀로 듣는 것을 말하는 것이므로 그의 말은 아름다운 음악을 듣는 것이 인간 최고의 즐거움이라는 것이다. 또 다른 왕은 '향(香)이 욕애의 첫째'라고 주장하고, 또 어떤 왕은 '미(味)가 욕애의 첫째'라고 말했다.

이 왕은 역시 맛있는 음식을 먹는 것이 제일 즐겁다고 한 것이다. 그리고 나머지 한 사람의 왕은 '촉(觸)이 욕애의 제일'이라고 말했다. 이것은 아름다운 여인을 가슴에 품는 것이 첫째가는 즐거움이라고 한 것이다.

왕들의 주장은 그 취미와 기호가 서로 달라 결론이 나지 않았다. 결국 파세나디 왕의 제안에 따라 그 심판을 부처님에게 부탁하기로 하였다.

"벗들이여, 부처님을 찾아가 판가름을 받도록 하자. 그리고 판가름이 나면 그에 따르기로 하자. 어떤가?"

부처님은 다섯 왕들의 방문을 받고 그들의 주장을 들은 다음 판가름하여 말했다.

"왕들이여, 나는 마음에 알맞은 적당한 정도 즉 중도(中道)를 욕애의 첫째로 합니다."

왕들의 여러 가지 주장은 어디에도 기울이지 않고 훌륭하게 판가름났다. 맛이 같은 음식도 사람에 따라 각각 그 기호가 다르다. 또한 적당한 정도를 지나치면 아무리 맛있는 음식도 먹고 싶지 않은 것이다. 훌륭한 판가름에 왕들이 승복하는 것을 보고 그 자리에 있던 한 우바새(優婆塞: 재가의 남자 신도)가 앞으로 나서서 다음과 같은 게송을 지어 부처님을 칭송했다.

**향기로운 분홍빛 연꽃**
**아침에 피어 그 향기 아직 가시지 않았네.**
**보라, 부처님의 빛나는 모습은**
**허공에 걸린 태양과도 같도다.**

# 깨달음에 도움이 안되는 질문

사람들은 때때로 우주가 유한한가 무한한가에 관한 것 등 형이상학적인 질문에 몰두하면서도 실제 살아가는 방법에 대해서는 서툴거나 문제의 본질을 빗겨가는 경우가 많다. 중아함 《전유경(箭喩經)》은 독화살의 비유로써 바로 이 문제를 다루고 있다.

부처님이 기원정사에 있을 때의 일이었다. 하루는 마룬쿠야라는 한 제자가 부처님을 찾아왔다. 그는 부처님이 어떤 유형의 문제에 관해 해답을 주지 않는 것에 늘 불만이었다. 그 문제란 당시의 사상가들 사이에 유행하고 있는 논제로 '이 세계는 유한인가 무한인가'하는 것이었다.

철학을 좋아하는 그에게는 부처님이 이런 문제에 대해서 명쾌한 해답을 주지 않는 것이 큰 불만이었다.

"세존이시여, 계속 해답을 거부하신다면 저는 이제 세존의 곁을 떠나 속세로 돌아갈까 합니다."

부처님은 한참 동안 그 제자의 얼굴을 쳐다보더니 그에게 말했다. "들어라, 마룬쿠야여. 어떤 사람이 독이 있는 화살을 맞았다고 하자. 그때 그의 벗들은 급히 의사를 불러올 것이다. 그런데 그는 먼저 나를 쏜 자는 누구인가, 나를 쏜 활은 어떤 활인가, 또 그 활은 어떤 모양을 하고 있는가, 그런 것들이 해명되지 않으면 이 화살을 뽑아서는 안 된다. 치료를 해서는 안 된다고 주장한다면 어떻게 되겠는가? 마룬쿠야여, 그는 그것들을 알기도 전에 죽어버리고 말 것이다.

마룬쿠야여, 세계는 유한인가 무한인가, 영혼과 육체는 같은가 별개인가, 인간이 죽은 후에도 존재하는가 않는가, 그러한 문제에 대답한다고 해서 우리들의 괴로운 인생이 해결되는 것은 아니다. 그보다 우리는 현재의 삶에서의 괴로움을 먼저 극복하지 않으면 안 되는 것이다. 그러므로 마룬쿠야여, 내가 설하지 않은 것은 설명하지 않은 그대로 받아들이는 것이 좋다. 또 내가 설한 것은 설명한 그대로 받아들이도록 하라. 그러면 내가 설한 것은 무엇인가. 나는 '이것은 괴로움이다' 그리고 '이것은 괴로움의 시작이다' '이것은 괴로움의 소멸이다' '이것은 괴로움을 소멸시키는 길이다'라고 설했다."

# 장님 코끼리 만지기

부처님이 제다바나에 계셨을 때였다. 사밧티라는 마을에는 외도(外道) 수행자들이 각각 다른 의견을 주장하고 있었다. '세상은 상주(常住)한다'라고 주장하는 자가 있는가 하면 '세상은 무상(無常)하다'고 반박하는 자가 있었다. 또한 '세상은 끝이 있다'고 주장하면, 한쪽에선 '세상은 끝이 없다'고 했다. '사람에겐 사후가 있다'고 주장하는 자, '없다'고 주장하는 자, '사후는 있고도 또한 없다' '사후는 있는 것도 아니고 없는 것도 아니다'라고 주장하는 자 등으로 하여 그들의 논쟁은 끊일 날이 없었다.

부처님은 제자들에게 이 같은 사실을 듣고 말씀하셨다.

"비구들이여, 그들은 눈이 없는 장님들이다. 이(理)를 모르고 비리(非理)도 모른다. 법(法)을 모르고 비법(非法)도 모른다. 그래서 서로 입씨름을 하고 있는 것이다. 옛날 이 성안에 한 왕이 있었는데 하루는 신하에게 명해서 성안에 사는 모든 장님을 한 군데로 모이게 하여 코끼리를 보였다.

신하는 왕의 명을 받아 '장님들아, 코끼리는 이런 것이다'라고 말하고 어느 장님에게는 코끼리의 머리를 다른 장님에게는 귀를 만져보게 하였다. 또 다른 장님들에게는 코끼리의 상아 · 코 · 몸체 · 다리 · 등 · 꼬리 · 꼬리 끝을 만지게 했다.

그들은 코끼리를 만져보고 난 뒤에 왕의 물음에 대답하길 코끼리는 마치 '항아리와 같다' '키와 같다' '쟁기의 끝과 같다' '쟁기의 손잡이 같다' '널판지와 같다'는 등의 대답을 했다. 그리고 그들은 서로 자기주장이 옳다고 끝내는 주먹을 휘두르고 싸웠다. 그리고 이것을 보고 있던 왕은 재미있어 하였다고 한다.

비구들이여, 이와 마찬가지로 외도에 빠진 수행자는 장님과 같아 이(理)와 비리(非理)를 모르며, 법(法)과 비법(非法)을 모른다. 그래서 서로 맹렬하게 입씨름을 하고 있는 것이다."

부처님은 이렇게 설하시고 게송을 읊으셨다.

**참으로 어리석은 바라문들은**
**그들이 본 것에만 집착하누나.**
**다만 일부분만을 보고**

**사람들은 그것을 주장하며 다툰다.**

현대인도 이와 다름없는 어리석은 논쟁을 되풀이한다. 특히 종교인들이 심하다. 어느 종교치고 평화와 사랑을 가르치지 않는 종교가 없을진대 이들 종교인들이 오히려 전쟁과 증오를 부추긴다. 세계의 분쟁 지역을 살펴보면 어김없이 종교가 개입되어 있으며 우리의 일상생활에서도 종교가 다르다는 이유 하나로 가정이 풍비박산이 되는 경우가 적지 않다.

이들은 편협한 자신의 견해에 갇혀서 자신들과 다른 견해를 수용할 줄 모른다. 그리하여 상대방을 비난하는데 날을 지샌다. 사랑을 노래하면서도 저주를 기원한다. 그러면서도 조금도 부끄러워하지 않는다. 이처럼 일부분만을 보고 자신만이 옳다고 주장하는 인간들 때문에 이 세상에 조화로운 생활이 실현되지 못하고, 전쟁이 끝나지 않으며, 영원한 평화가 정착되지 않는 것이다.

부처님을 믿고 그 가르침을 따르는 우리 불자들은 먼저 자기의 주의 · 주장만이 옳다는 태도를 버리고 전체를 바라보는 지혜를 가져야 할 것이다.

# 진리는 미사여구에 있지 않다

하루는 야메루와 태크라라는 두 비구가 부처님을 찾아왔다. 두 사람은 형제간이었고 바라문 출신으로 말씨가 품위 있고 음성이 고왔다. 그들은 부처님께 큰 절을 하고 한쪽에 앉으며 말했다.

"지금 비구들은 갖가지 이름과 성을 가지고 있고, 그 출생이나 계급이 서로 달라 자기들의 독특한 말로 부처님의 말씀을 설교함으로써 이를 더럽히고 있습니다. 제발 저희들이 부처님의 말씀을 문법에 맞는 우아한 범어(梵語, 산스크리트어)로 고치도록 해주십시오."

부처님은 이 말을 듣고 두 사람을 꾸짖었다.

"어리석은 자들이여, 그대들은 어째서 불법을 범어로 고치도록 해달라고 하는가. 어리석은 자들이여, 그것은 아직 불교에 대한 믿음을 갖지 않은 사람들에게 믿음을 갖게 하고, 이미 믿음을 얻은 사람에게 그 믿음을 증대시킨다는 목적에 어긋나는 일이다. 오히려 믿음을 갖지 못한 사람들에게 불신을 일으키고, 또 믿음 있는 사람들이 떨어져 나가는 이유가 될 것이다."

부처님은 이렇게 설법을 하고 나서 다른 비구들에게 말씀하셨다.

"비구들이여, 불법을 범어로 고쳐서는 안 된다. 고치는 자가 있으면 벌을 줄 것이다. 비구들이여, 그대들은 지금 각자 자기 자신의 말로 부처님의 말을 배워야 한다."

부처님은 일상 생활에서 주로 인도의 갠지스 강 유역의 한 지방의 속어(俗語)였던 마가다어를 썼다고 한다. 물론 부처님은 현재의 네팔에 속한 지방의 출신이므로 당시의 네팔어도 할 수 있었을 것이고, 또 깨달음을 얻은 후 45년간 상당히 넓은 지방으로 설법여행을 다녔기 때문에 그 지방의 사투리도 알고 있었으리라 생각된다.

당시 인도에는 아리아 민족이 가지고 온 범어가 있었다. 이 말은 주로 바라문 사이에서 사용되었는데 문법과 어휘가 까다로워 배우기가 쉽지 않았다.

바라문들은 민중이 이해할 수 없는 범어를 표준어로 사용함으로써 그 말의 내용까지도 고상한 것처럼 자만하고 있었던 것이다. 이때 부처님은 표준어의 허위의식을 깨뜨렸다. 오히려 속어로써 되도록 많은 민중에게 이야기하고 이해되기를 바랐던 것이다.

우리 사회에도 제대로 알지도 못한 채 어려운 문자나 외국어를 지껄이며 아주 유식한 척 뽐내는 사람들이 있다. 그러나 특정한 소수의 사람만이 알 수 있는 말은 이미 진정한 말이 아니다.

말은 누구나 이해할 수 있는 것이어야 한다. 모두가 말할 수 있고 모두가 이해할 수 있는 말로써 부처님의 말씀은 가르쳐지고 이해되어야 하는 것이다.

# 법의 진실, 세속의 진실

불교에서는 법(法)과 세속을 구별하여 법에 따라 사물을 보는 것을 진제(眞諦) · 제일의제(第一義諦) · 승의제(勝義諦)라고 말하고, 세속에 나타난 진실을 속제(俗諦) · 세속제(世俗諦) 등으로 부르고 있다. 그리고 이 두 가지를 합하여 이제(二諦)라고 한다.

이제설은 글자 그대로 해석하면 두 개의 진실이 있다는 뜻이다. 그러나 진실이 두 개일 수는 없다. 다만 진실 자체만 두고 생각할 경우와, 그것이 현실 사회에 나타났을 경우의 형태가 다르다는 것뿐이다. 즉 진실이란 현상 속에 내재한 진실 이외에 아무것도 아니다. 불교에서는 현실 세계를 떠난 실체적이고 원리적인 느낌을 보다 많이 주는 '진리'라는 말을 사용하지 않고 주로 진실이라든지 진여(眞如) 등의 말로 사물의 참모습이나 참다운 상태를 표현하고 있다.

이러한 의미에서 볼 때 서양철학에서 오랫동안 사용하여 온 '이상'이라는 말은 불교의 목표를 설명하는 데는 적당하다고 할 수 없다. 서양 철학이 표현한 '이상'이라는 말은 현실과는 다른 동떨어진 가치 세계를 나타내고 있다. 그러나 불교는 이 세상 안에서 자기가 본래 갖추고 있는 '불성(佛性)'이라는 잠재적 가치를 인식하고 그것의 현재화를 목표로 삼는다. 그런 뜻에서 불교의 방편(方便) 즉 현상은 반야(般若) 진실과 일체가 되어야 한다. 보살은 모든 사람, 모든 생명 있는 것들을 인도하기 위해서 구태여 부처님의 모습을 취하지 않고 그들과 똑같은 모습이 되어 고통을 함께 한다.

이와 같은 이치로 《법화경》〈법사공덕품〉에 있는 "무릇 설하여진 법은 그 의미와 취지에 따라 모두 실상(實相)과 서로 위배되지 않는다. 만약 속세의 경서(經書) · 치세(治世) · 언어(言語) · 자생업(資生業) 등을 설한다면 모두 정법이 된다."라는 말은 일상의 업무, 세속의 일들이 모두 그대로 절대의 불법으로 가치 전환되어야 할 필연성을 가지고 있음을 나타내고 있다.

대승불교는 기독교의 프로테스탄티즘처럼 근대적 삶의 형태와 융합되거나 자본주의를 구조적으로 파악하고 있지 못할지도 모른다. 그러나 앞에서 밝힌 것과 같은 이념은 적어도 현실 긍정이 강한 불교의 성격을 보여주고 있다.

# 우레와 같은 침묵

'유마의 침묵은 우레와 같다'라는 말이 있다. 《유마경(維摩經)》[20] 〈입불이법문품(入不二法門品)〉 원문은 이것을 "그때 유마가 침묵을 지켜 말이 없었다. 문수보살이 찬탄하여 말하기를 '훌륭하고 훌륭합니다. 글과 말까지 있지 아니함, 이것이 참으로 불이법문(不二法門)에 들어가는 것입니다."라고 하고 있다. 유마거사가 여러 보살들에게 "여러 인자(仁者)들이여, 보살이 불이법문에 들어가는 길이 어떤 것인지 각자 생각대로 말하십시오."라고 한 것에 보살들이 여러 가지로 대답을 하자 최후에 문수보살이 "이제

20) 유마경(維摩經): 정식 명칭은 '유마힐소설경(維摩詰所說經)'이라 한다. 《반야경》에서 말하는 공(空)사상에 기초하고 있으며 윤회와 열반, 번뇌와 보리, 예토(穢土)와 정토(淨土) 등의 구별을 떠난 해탈의 경지를 일상생활 속에서 체득해야 함을 아름다운 문학형식으로 풀어나간 경전이다.

우리들이 각자 설명을 하였습니다. 다음은 인자의 차례입니다. 어떻게 하는 것이 보살이 불이법문에 들어가는 것입니까?"라고 묻자 그가 침묵으로 대답했던 것이다.

〈입불이법문품〉을 보면 유마거사의 물음에 보살들은 모두 대립하는 두 가지만을 들어서 설명하고 있다. 예를 들면 법자재(法自在) 보살은 이렇게 말했다.

"생(生)과 멸(滅)을 두 가지로 여깁니다만, 법은 본래 생하는 것이 아니고 이제 새삼 멸하는 것도 없습니다. 이러한 무생법인(無生法忍)을 얻는 것을 불이법문에 들어간다고 하겠습니다."

선의(善意)보살 또한 대립을 가지고 설명했다.

"생사(生死)와 열반(涅槃)을 둘로 여깁니다. 그러나 생사의 성품을 보면 생사가 없으며 얽매임도 없고, 그렇다고 풀 것도 없어서 생사에 불타지도 아니하고 멸하는 것도 아닙니다. 이렇게 아는 것이 곧 불이법문에 들어가는 것입니다."

이러한 대답에 대해서 유마는 다만 침묵으로 대답을 대신했다. 이를 보고 문수보살은 글이나 말로 표현할 수 없음이 참으로 불이법문(不二法門)에 들어가는 것이라고 칭송하였던 것이다. 여기에서 '유마의 침묵, 우레와 같다'라는 말이 나온 것이다.

'불이(不二)'와 '일(一)'은 같지 않다. 불이는 하나의 것이 아닌 다른 것이면서 동시에 하나와 같은 것을 말하는 것이다. 이 어려운 말을 '침묵'으로는 표현할 수 있지만 한마디로 단정할 수는 없다. 문수보살은 많은 보살들의 설명들이 제각기 납득할 수 있는 것이기는 하지만 그 말들을 전부 감싸는 커다란 침묵이 있어서 비로소 그들 설명들이 더욱 뚜렷하게 살아난다고 생각했던 것이다.

"침묵을 거치지 않은 소리는 소음과 같다."는 말도 있거니와 스위스의 철학자 막스 피카르트가 "말은 침묵에서 온다. 침묵에서 와서 침묵으로 돌아간다."고 말한 것은 매우 인상적이다.

피카르트가 말하는 침묵은 불교의 공(空)에 해당한다고 볼 수 있다. '공'에서 모든 것 색(色)이 생겨나고, '색'은 각각 다른 것이면서도 본질적으로는 '공(空)'에 귀일(歸一)한다는 점에서 유마나 피카르트의 생각은 모두가 공통된 기반 위에서 있음을 알 수가 있다.

# 색즉시공 공즉시색

가장 널리 알려진 불교용어 중의 하나가 《반야심경》에 나오는 '색즉시공 공즉시색(色卽是空 空卽是色)'일 것이다.

'색(色)'은 산스크리트어로 루파(rūpa)라고 한다. '형체가 있는 것'이라는 뜻으로 이 세상에 존재하는 것 일체를 말한다. 그것이 '공(空)'이라는 것이다. '공'의 원어는 순야타(śunyatā)인데 '텅텅 빈 것' '영(零)'이라는 뜻이다. 이 세상에 존재하는 것이 텅 비어 있다는 것은 무슨 뜻인가.

'공'은 부정해가는 작용이라고 생각해도 틀리지 않을 것이다. 예를 들어서 지금 여기에 존재하고 있는 '나'란 무엇인가 생각해 보자. 이 몸은 정말 '나'인가. 그러나 이 몸이 '나'라고 해도 그 세포는 시시각각으로 생겨나고 죽고 있다. 엄밀히 말해 어제의 내

몸과 오늘의 내 몸과는 다른 것이다.

그렇다면 물리적 변화를 갖지 않는 마음이 '나'인가 하고 자문해 보면 무엇인지는 모르지만 나 자신과는 다른 것같이 생각된다. 이렇게 하나씩 스스로에게 묻고 대답해가면 자기란 무엇인지 모르게 된다. 사람들은 이렇게 해서 점점 허무해지는 것이다. 이 '허무'는 도대체 어디에서 오는 것인가. 왜 허무한가 하고 묻기 시작하면 사람들은 더욱 자기를 모르게 된다.

그리하여 어찌할 수 없는 궁지에 빠지게 된다. 이 막다른 궁지에서 미묘한 변화가 일어난다. '즉(卽)'이란 말에 '미묘함'과 '움직임'이란 뜻이 들어있는 것이라고 해석하는 사람도 있지만 미묘한 움직임은 사람이 막다른 궁지에 처했을 때 비로소 생겨나는 것이다. 이때 나타나는 것이 '색즉시공(色卽是空)'이다.

여기서 '공즉시색'의 '공'은 '색즉시공'의 '공'과는 다른 의미를 가지고 있다. 인간의 눈으로 보아서 '텅 빈 것'이며 '허무한 것'으로 생각되었던 것이 실은 '부처님의 대비(大悲)'임을 알게 된 '공'이기 때문이다.

즉 막다른 궁지의 끝에서 실은 자기가 부처님의 생명 속에 삶을 받고 있음을 실감하는 것이다. 고통이 없는 인간이 이것을 실감하지 못하다가 궁지에 몰려 자기가 허무화되었을 때 비로소 이를 느끼게 된다. 이것이 바로 진정한 니힐리즘과 불교가 만나는 접점이다. 여기에서 주체가 문제가 되고 결단, 존재론적 결단이 등장한다.

이러한 의미에서 역시 '색즉시공 공즉시색(色卽是空 空卽是色)'이란 말은 연결된 하나의 말로서 이해되지 않으면 안 된다.

그리고 중요한 것은 궁지에 몰린 사람이면 누구나 이렇게 느끼게 되느냐 하면 그렇지 않다는 점이다. 역시 거기에는 비록 소박할지라도 또 스스로 의식하지 못할지라도 믿음이라는 것이 있어야 한다.

믿음이란 바로 '나의 목숨이 부처님의 생명 속에서 삶을 받고 있다'는 것을 믿는 것이다. 만약 이것이 없다면 막다른 궁지의 끝에서 '공즉시색'이라는 새로운 세계가 펼쳐져 있음을 발견하지 못할 것이다.

# 동서남북에 예배하는 이유

어느 날 부처님은 죽림정사에서 라자가하에 이르는 탁발의 길에서 싱갈라라는 젊은이를 만나 그를 교화시켰다. 그 설법의 내용은 재가신자의 생활윤리를 설한 것으로 유명한 장아함《선생경(善生經)》에 실려 있다. 내용은 다음과 같다.

싱갈라는 장자(長者)[21]의 아들이었는데 그의 아버지는 아침에 몸을 정결히 한 후 사방(四方)과 상하(上下)의 육방(六方)에 예배하라는 유언을 남겼다. 싱갈라는 아버지의 마지막 당부를 잘 지켜 하루도 빠뜨리지 않고 육방에 예배했다. 부처님이 그를 본 것도 그가 새벽에 예배를 드릴 때였다.

---

21) 장자(長者, śrestha, grhapati): 호족(豪族), 부귀한 사람, 또는 덕행이 뛰어나며 나이 많은 사람에 대한 존칭 등으로 쓰인다. 일반적으로 인도에서 좋은 집안에서 태어나 많은 재산을 가지고 있고 또한 후덕한 사람을 일컫는다.

"젊은이여 그대가 예배하는 모습은 나를 감동시켰다. 도대체 그대는 어떠한 뜻으로 새벽 예배를 하고 있는가?"

싱갈라는 아버지의 유언이기 때문에 유언 그대로 하루도 빠뜨리지 않고 실행하고 있다고 대답했다. 그때 그는 단순히 형식으로서 그렇게 하고 있었던 것이다. 이때 부처님은 여섯 방향에 대한 형식적인 예배에 새로운 내용을 채워서 가르침을 주었다.

"동방(東方)에 예배하는 것은 부모에게 예배하는 것이라고 생각하라. 부모는 그 아들을 사랑하고, 그 아들을 악에서 멀리하게 하며, 농부나 장사꾼 그리고 세공장이 할 것 없이 살아나갈 수 있는 기술과 연장을 물려주며, 그 집을 인계하셨다. 이것이 부모를 예배하는 이유이다.

남방(南方)에 예배하는 것은 스승께 예배하는 것이라고 생각하라. 스승은 제자를 가르쳐 주셨다. 제자는 스승을 존경하고 그 가르침을 잊어서는 안 된다. 이것이 스승을 예배하는 이유이다.

서방(西方)에 예배하는 것은 부인에게 예배하는 것이라고 생각하라. 남편은 아내에게 가사를 맡기고 아내는 남편을 공경하고 따라야 한다. 이것이 부인에게 예배하는 이유이다.

북방(北方)에 예배하는 것은 친족(親族)에게 예배하는 것이라고 생각하라. 친족은 서로 돕고 격려해야 한다. 이것이 친족이 서로 예배하는 이유이다.

하방(下方)에 예배하는 것은 하인에게 예배하는 것이라고 생각하라. 주인은 그들에게 은혜를 베풀고, 그들은 주인에게 충실하여야 한다. 이것이 하인을 예배하는 이유이다.

상방(上方)에 예배하는 것은 성자에게 예배하는 것이라고 생각하라. 성자는 사람들에게 올바른 길을 가르치고 선에 들게 한다. 이것이 성자를 예배하는 이유이다."

장자의 아들은 이 가르침을 듣고 그 자리에서 부처님의 재가(在家) 신자가 되었다. 장자의 아들은 그 후에도 변함없이 열심히 새벽에 육방예배를 계속하였다. 그러나 그 형식은 이제 새로운 내용으로 가득 차게 되었다.

# 모든 부처님의 가르침

**모든 악을 짓지 않고**
**모든 선을 받들어 행하며**
**스스로 마음을 깨끗이 하는 것**
**이것이 모든 부처님의 가르침이니라.**

"불교란 무엇인가?"라는 물음에 대해서 이보다 더 간결한 대답은 없을 것이다. 즉 첫째, 악을 행하지 않는다. 둘째, 선을 행한다. 셋째, 자기의 마음을 깨끗이 한다. 불교를 모르는 사람이라 할지라도 첫째와 둘째 항목은 윤리를, 셋째 항목은 종교와 관계되는 것임을 알 것이다.

원시불교를 윤리적인 가르침이라고 해석하는 사람이 많은데 이것은 앞에 말한 '모든 악을 짓지 않고'와 '모든 선을 받들어 행하며'에서 비롯된 것이다. 그러나 스스로 마음을 깨끗이 한다는 구절은 불교가 단순히 윤리를 가르치는데 그치지 않는 종교임을 천명하고 있다.

자기는 변하기 쉽고 마음은 더러워지기 쉬운 것이다. 또한 자기의 마음은 접어두고 타인의 행동에만 주위를 기울이기도 한다. 이것은 자기 마음은 어디에 있는지 잊어버리고 마음의 정체조차 확실치 않은 경우이다. 너무나도 바쁜 매일 매일의 생활에 쫓기고 있지만 우리들은 그러나 일상생활의 행동이나 사람들과의 교제에서 선과 악에 대해 판단을 내리고 단호한 마음으로 선을 행하고 악을 물리치는 용기를 가져야 한다. 갖가지 유혹이 우리를 에워싸고 있기 때문에 쉬운 일은 아니지만 신심을 낼 수 있다면 실천할 수 있다.

불교는 또 자기의 마음을 깨끗이 하라고 가르치고 있다. 물론 이것은 먹고 자고 눕고 걷는 일상생활에서 실천하는 것이 가장 바람직하다. 그와 동시에 혼자만의 시간을 갖고 깊이 생각하고 반성하며 자기 마음을 꽉 붙잡아 마음의 청정을 실현시켜 나가는 것도 필요하다.

마음이 한 번 맑아지면 곧 그 사람 전체의 청정으로 이어져 나갈 것이다. 거기에 바로 살아있는 불교가 있다.

# 법(法)만이 불자의 의지처

부처님이 열반하신 뒤 세인들의 최대의 관심사는 부처님을 대신하여 누가 교단을 이끌어 갈 것인가 하는 문제였다. 그때의 사정을 중아함《구묵목건련경(瞿默目犍連經)》은 다음과 같이 전하고 있다.

부처님이 열반에 드신지 얼마 되지 않아서 였다. 아난다는 쿠시나가라에서 라자가하로 돌아와 죽림정사에 머물고 있었다. 그는 어느 날 아침, 거리로 탁발을 나섰는데 시간이 일렀기 때문에 옛 친구인 고타마 목갈라나라는 바라문을 찾아갔다.

"이게 누구야? 아난다가 아닌가? 잘 찾아와 주었네."

오랜만에 만나 서로의 안부를 묻고 나자 대화는 자연히 부처님 열반 후의 불교교단에 미쳤다.

"아난다여, 세존께서 돌아가신 지금 누가 교단을 이끌어가야 하는가?"

"바라문이여, 그런 훌륭한 분이 계실 리가 있겠는가. 이미 세존께서 직접 법(法)을 깨닫고 손수 이 법을 실천하셨으니 그 제자인 우리는 다만 세존의 가르침을 따라갈 뿐이네."

그러한 이야기를 나누고 있는데 이 나라의 대신인 밧사카라가 들어왔다. 그는 보수공사가 한창인 라자가하의 성벽공사를 시찰하고 있었는데 이 집으로 아난다가 들어가는 것을 보고 반가와서 쫓아왔던 것이다. 그는 두 사람의 이야기를 듣더니 귀가 솔깃해졌다. 그도 부처님이 열반에 드신 뒤의 교단 사정을 알고 싶었던 차였다.

"그러면 아난다여, 세존께서는 열반에 드신 뒤 비구들이 의지해야 할 인물로 누군가를 지명하시지는 않았는가?"

"대신이여, 그런 분은 없습니다.

"그렇다면 수많은 장로(長老) 비구들이 인정하는 분으로 세존을 대신할 의지처가 될 만한 분이 계시지 않겠는가?"

"대신이여, 그런 분도 안계십니다."

"그렇다면 아난다여, 아무도 중심이 되는 분이 계시지 않습니까? 비구들은 도대체 무엇에 의지해서 어떻게 화합해 간다는 것입니까?"

그때 아난다는 담담하게 대답했다.

"대신이여, 우리들은 절대로 의지할 곳이 없는 게 아닙니다. 우리들에게는 의지할 곳이 있습니다. 바로 부처님께서 설하신 법(法)이 우리들이 의지할 곳입니다."

셋째 마디

# 화합의 그늘에 앉아

진흙의 수렁을 넘어 애욕의 가시덤불을 헤쳐
인간의 어리석음을 모두 없애버린 고(苦)와 낙(樂)에 흔들리지 않는 자여,
그대가 참다운 비구가 아닌가

(자설경)

# 재물을 찾겠는가 자신을 찾겠는가

바라나시의 녹야원(鹿野苑)에서 초전법륜(初轉法輪)[22]을 한 후 부처님은 잠시 그곳에 머물러 있었다. 그 동안에 부처님이 설한 사제(四諦: 苦 · 集 · 滅 · 道)와 팔정도(八正道: 正見 · 正思 · 正語 · 正業 · 正命 · 正精進 · 正念 · 正定)의 가르침을 듣고 출가한 사람은 60명에 이르렀다.

부처님은 그들을 사방으로 보내어 새로운 가르침을 전도시키는 동시에 당신은 우루벨라를 향해 전도의 길에 올랐다.

부처님이 혼자 숲 속에 들어가 나무 밑에서 휴식을 취하고 있을 때의 일이었다. 한 무리의 젊은이들이 무엇 때문인지 당황

22) 초전법륜(初轉法輪): 부처님이 깨달음을 얻은 후 다섯 비구에게 최초로 설법한 것으로 불교의 삼보(三寶)인 불(佛) · 법(法) · 승(僧)이 탄생하는 출발점이었다.

해서 숲 속을 이리저리 뒤지다가 부처님이 그곳에 앉아 있는 것을 보고 "이곳으로 여자 한 사람이 도망오지 않았습니까?"하고 물었다. 그들의 사정은 이러했다.

그들은 근처 가문 좋은 집안의 자식들인데 약 30여명 가량이 각자 부인을 거느리고 놀이를 왔던 것이다. 그 중에 한 사람만은 아직 결혼을 안했기 때문에 기생을 아내 대신 데려왔다.

그런데 숲에서 모두가 놀이에 정신을 팔고 있는 틈을 타서 그 기생이 그들의 귀중품을 몽땅 훔쳐 도망을 친 것이었다. 그래서 그들은 이렇게 정신없이 그 여자를 찾아다니고 있었다.

전후 사정을 다 듣고 부처님은 그들에게 말씀하셨다.

"젊은이들이여, 그대들은 이것을 어떻게 생각하는가. 도망친 여자를 찾는 일과 자기 자신을 찾는 일 가운데 어느 쪽이 더 중요한가?"

자기를 잊고 놀이에만 열중하다가 다시 자기를 잊고 여자를 찾고 있던 그들은 이 질문을 받자 정신이 번쩍 났다.

"그야 물론 자기를 찾는 쪽이 중요합니다."

젊은이 중의 한 사람이 이렇게 대답하자 부처님은 그들에게 말씀하셨다.

"젊은이들이여, 그럼 모두 거기에 앉아라. 내가 지금 자기 자신을 찾는 법을 가르쳐 주겠다."

젊은이들이 모두 앉자 부처님은 여느 때와 같이 조용히 인생과 세계에 관해 설명했다.

젊은이들의 마음은 아직 더러움에 물들지 않았기에 그들은 쉽게 부처님을 따라서 출가하여 제자가 되었다고 한다. 《사분율》에 기록된 이야기는 불교의 자기 탐구의 가르침이라는 것을 실증적으로 보여주고 있다.

# 남의 소를 센다고 내 것이 되나

원시불교를 주요한 내용으로 담고 있는 경전에서는 부처님이 전법을 위해 여러 지방을 유행(遊行)할 무렵 갠지스 강 중류지방의 생활을 반영한 이야기가 나오고 있다. 그중에는 농경에 기초를 둔 논 · 밭 · 냇가의 이야기가 있고, 또 목축이나 당시의 가축을 인용한 이야기 등이 나온다.

이것은 누구나 알 수 있고 느낄 수 있는 일상적인 것을 소재로 하여 그것을 차원 높은 종교적인 지혜, 실천으로 전환시키는 부처님 특유의 교화방법이라 하겠다.

**경전을 아무 많이 외워도**
**행하지 않는 방종한 사람은**

**남의 소를 세는 이와 같이**
**사문(沙門)된 결과를 얻기 어렵나니.**

어느 학자는 《법구경》의 이 게송을 '고용관계'가 성립된 사회에서 나타난 게송으로 보고 있지만, 거기에는 평생 피고용인으로 끝날 소치는 이에게 그런 처지에서 벗어날 수 있는 윤리로써 근면을 가르치고 있는 동시에 불교가 빠지기 쉬운 주지주의(主知主義)에서 벗어나 종교적 실천에 열중할 것을 강조하고 있다.

소치는 이들은 부처님이 활동하던 당시의 갠지스 강 중류의 유역 사회에서는 가장 많이 볼 수 있던 사람들이었으며, 따라서 이러한 설화가 가지는 설득력은 지금의 우리들이 상상하는 이상이었을 것이다.

그건 그렇다치고 이들 중에는 부처님에게 귀의한 다니야 같은 큰 목장 주인도 있었는데 그들은 수백 마리가 넘는 소를 어떻게 세었을까.

소치는 이 중 숙달된 이는 자갈을 주머니에 넣은 후 매를 들고 외양간으로 갔다. 그리고 소의 등을 매로 때려 동요시킨 후 외양간 입구 위에 걸터앉아서 소들이 앞을 다투어 나가는 것을 기다리고 있다가 소의 등에 자갈을 던지면서 하나, 둘, 소를 센다.

이러한 광경을 상상하고 또 그러한 숙련이 요하는 계산법을 사용하는 이들의 존재를 인식함으로써 비로소 우리는 게송의 참뜻을 이해할 수 있게 된다.

이러한 배경을 알게 될 때, 우리들은 이 게송을 고용주가 피고용자에게 한 계단 높은 입장에서 하는 윤리적 경고의 가르침일 뿐이라는 해석에서 한 걸음 더 전진하여 보다 실제적이고 종교적인 배려가 작용하고 있음을 알 수 있게 된다.

# 왕족이라 하여 존귀한 것은 아니다

부처님은 아나타핀디카(給孤獨) 장자의 청을 받아들여 제자들과 함께 사밧티(舍衛城)로 향했다. 라자가하(王舍城)를 출발한 여정은 서북쪽으로 나아가 파탈리가마에서 갠지스 강을 건너고 히말라야 기슭을 지나 다시 서쪽으로 가야하는 고단한 행로였다.

여행 도중에 일행들은 어느 정사에 이르러 하룻밤을 묵게 되었다. 다음날 아침 일찍이 부처님이 잠자리에서 일어나 기침을 하자 바깥에 있는 나무 밑에서도 기침을 하는 사람이 있었다.

"누가 거기에 있는가?"

"세존이시여, 접니다. 사리풋타입니다."

"사리풋타인가, 그런데 왜 거기에 있는가?"

사리풋타는 전날 밤 일행이 이 정사에 이르자 모두가 앞을 다투어 방을 차지하였기 때문에 잘 곳이 없어 나무 밑에서 하룻밤을 지냈다고 말했다. 이 말을 듣고 부처님은 비구들을 모아놓고 어젯밤 그들의 행동을 꾸짖으며 물었다.

"비구들이여, 너희들 중에서 첫째의 자리, 첫 번의 물, 제일의 음식을 받을 사람은 누구이겠는가?"

그들의 대답은 가지가지였다. 어떤 비구는 크샤트리야(王族)나 브라흐만(司祭者) 출신일 것이라고 했다. 또 어떤 비구는 신통력을 갖추고 있는 사람일 것이라고 대답했다. 부처님은 조용히 그들에게 말씀하셨다.

"비구들이여, 그대들은 모두 교법(敎法)과 계율(戒律)에 따라서 출가한 수행자들이므로 서로 존경하고 서로 화합해서 살아가지 않으면 안 된다.

그 중에서도 출가한 날로부터의 햇수에 따라 예를 다하여야 한다. 따라서 장로(長老)야말로 첫째의 자리, 첫 번째의 물, 제일의 음식을 받아야 하는 것이다."

이 이야기는 승가(僧伽)는 화합과 평등을 바탕으로 한 공동체이어야 한다는 것을 강조하고 있다. 그리고 다만 출가의 햇수에 따른 자리 매김만이 존재한다는 것이 정해진 것이다.

지금 기독교에서 흔히 쓰는 장로라는 말도 사실은 여기에서 비롯되었다.

# 출신성분이 아니라 행실이 문제

"출신성분을 묻지 마라. 행실을 물어라. 불은 실로 모든 장작으로부터 생긴다. 천한 집에 태어난 사람일지라도 성자로서 깨달음을 향한 마음이 견고하고 부끄러운 마음으로 근심한다면 고귀한 사람이 된다.

출신성분에 따라서 천한 사람이 되는 것이 아니다. 출신성분에 따라서 바라문이 되는 것이 아니다. 행위에 따라서 천한 사람이 되고 행위에 따라서 바라문이 된다."(숫타니파타)

부처님이 생존해 계셨을 당시 인도에는 바라문을 최상으로 하는 카스트 제도가 확립되어 있어서 바라문을 인간의 최상계급이라 생각하고 있었다. 부처님은 불법을 전파하며 이러한 신분계급 제도를 두 가지 측면에서 타파되어야 할 것으로 보았다.

하나는 사람이 출신성분에 따라서 바라문이 되는 것이 과연 옳은가 하는 것이었다. 바라문의 집안에 태어나면 어떠한 행실을 하던 끝까지 바라문이기 때문이었다.

부처님은 이러한 출신성분에 의한 평가를 예리하게 비판하면서 그 사람의 행실에 따라서 어떤 사람이라도 바라문이 될 수 있다고 했다.

부처님이 또 하나의 비판의 대상으로 삼은 것은 바라문을 최고로 여기는 제도와 사상 그 자체에 대한 것이었다. 이러한 비판은 불교의 인간평등주의에 기초를 두고 있다.

부처님은 당시 인도인들이 바라문에 대한 찬가를 짓고 그것을 경전에 나타낸 것은 출신성분이 바라문이었기 때문이라고 생각하지 않았다.

바라문이 존경을 받은 것은 그 사람의 실천과 수행의 결과라고 본 것이다. 《법구경》에서는 부처님의 이러한 사상을 다음과 같이 게송으로 기록하고 있다.

**그것은 머리를 묶었기 때문이 아니네.**
**종교적인 출신도 성(姓) 때문도 아니네.**
**진실과 법을 가졌기 때문에**
**그를 일러 바라문이라 하네.**

이처럼 부처님과 그 가르침은 제도로서의 바라문 지상주의 나아가서는 카스트 제도를 부인했다. 따라서 불교교단에서는 바라문 출신이라는 이유만으로 장로가 되는 일은 없었다.

교단 안에서는 출신성분은 일체 묻지 않고 모든 사람을 평등하게 취급하였으며, 그 다음에는 각자의 행실이 기준이 되었던 것이다. 이것은 당시에 있어서는 그야말로 혁명적인 일이었다.

현대에도 인도의 카스트 제도는 우리가 상상할 수 없을 정도로 인도사회의 모든 곳에 뿌리 박혀 있다. 인도를 여행하는 외국인들은 종종 그 실체를 보고 놀라기도 한다.

물론 2600년 전 석가모니 부처님이 살아있을 때의 카스트 제도는 지금 같이 복잡하지는 않았을 것이다. 그러나 계급차별의 본질은 예전이나 지금이나 변함이 없다. 이러한 카스트 제도를 비판하고 더구나 부정한다는 것은 당시로는 근본적인 사회규범과 가치를 뒤흔드는 것이었다.

부처님과 그 가르침인 불교는 그것을 실행했다. 그렇게 함으로써 인도의 한 지방에서 일어난 불교가 인도의 민족종교에 그치지 않고 인류의 보편적인 종교로 발전할 수 있었던 것이다.

한편에서는 불교의 이 같은 카스트제도의 부정이 끝내는 인도 사회로부터 배척을 받아 불교가 인도에서 사라지게 된 원인의 하나가 되었다고 평하는 사람도 있다. 그 정도까지는 아니었다고 할지라도 불교의 카스트제도에 대한 비판은 당시 인도 사회에 엄청난 충격을 준 것은 사실이다.

어쨌든 불교에서는 세속적인 계급이나 출신성분은 인간의 가치와 아무런 상관이 없다. 사람은 모두 평등하다. 그리고 이 평등한 사람이 스스로의 가치를 결정짓는다.

그가 존경을 받든가 아니면 천시를 받든가 하는 것은 그 사람이 어떠한 행동을 하고 어떻게 사는가에 달려있는 것이다.

# 분노의 땅으로 가지 말라

탐욕은 차츰 사람을 좀먹는 독과 같은 성질을 지니고 있으며 분노는 일단 그 불꽃이 타오르기 시작하면 한꺼번에 그 사람을 파멸시키고 만다. 잡아함《득안경(得眼經)》은 특히 분노에 대해 다음과 같이 경계하고 있다.

하루는 사소한 일로 두 비구가 싸움을 시작했다. 그 발단은 한 비구가 다른 비구에게 무엇인가 나쁜 짓을 했기 때문이었다. 그런데 잘못을 한 비구가 사죄를 했는데도 상대 쪽의 비구가 그것을 받아들이지 않기 때문에 싸움은 끝이 나지 않았다.

잘못을 한 비구는 사과를 하고 있는데도 한편에서는 이를 받아주지 않고 큰소리로 욕을 하며 계속 그를 나무라고 있었던 것이다. 일이 이쯤 되자 도리어 잘못을 저지른 비구 쪽이 동정을 받게 되었다. 지켜보고 있던 비구들이 이것을 말리다 못해 마침내 부처님에게 사건의 전말을 보고했다.

부처님은 그들을 불러들여 다음과 같이 타일렀다.

"비구들이여, 죄를 범했을 때 죄를 뉘우치지 않는 것은 잘못이다. 또 죄를 사과하는데 받아들이지 않는 것 또한 잘못이다. 그들은 모두 어리석은 자들이다.

비구들이여, 반대로 죄를 범하고 뉘우치는 자는 훌륭하다. 또 죄를 남김없이 용서하는 사람도 훌륭하다. 그들은 모두 어진 사람들이라고 할 수 있다."

부처님은 비구들에게 이렇게 이르고 나서 옛날 제석천이 여러 천신(天神)을 타이르며 이렇게 훈계를 한 적이 있다고 말하고 게송을 읊으셨다.

**노여움의 땅으로 가지 말지어다.**
**우정(友情)을 늙도록 하지 말며**
**나무라지 말 일을 나무라지 말며**
**불화의 말을 입에 담지 말지어다.**
**산이 사람을 짓누름과 같이**
**노여움은 어리석은 자를 짓누르나니.**

# 자신을 먼저 돌아보라

《법구경》은 자기를 의지처로 삼아 스스로를 귀의할 곳으로 삼아야 하며 남에게 의지해서는 안 된다는 것을 반복하여 설하면서 자신과 타인과의 관계에 대해 다음과 같이 설하고 있다.

**처음에는 먼저 자기 할 일을 살피어**
**옳고 그름을 알아 거기에 머물고,**
**그 다음에 마땅히 남을 가르쳐라.**
**거기는 다시 괴로운 일이 없나니.**

**남을 가르치는 그대로**
**마땅히 자기 몸을 바르게 닦아라.**

다루기 어려운 자기를 닦지 않고
어떻게 남을 가르쳐 닦게 하랴.
남의 잘못은 보기 쉽지만
자기 잘못은 보기 어렵네.
남의 잘못은 껍질처럼 까발리고
제 잘못은 주사위의 눈처럼 숨긴다.

만일 자기의 잘못은 숨기고
남의 잘못만 찾아내려 한다면
마음의 더러움은 더하고 자란다.
더하고 자라 없어질 날이 멀다.

자기의 얻음에서 불평을 말라.
남의 것을 실없이 부러워 말라.
남을 함부로 부러워하는 비구는
마음의 안정을 얻지 못하나니.

우리는 일상생활에서 항상 타인과 접촉하며 살고 있다. 일상세계 그 자체가 타인과의 공동생활로 성립되어 있다고 할 수 있다. 그래서 우리들은 늘 자기를 돌아보지 않고 남만 보기가 쉽다.

남의 잘못, 남의 행위, 남에 대한 관심으로 정신을 잃고 있는 것이다. 여기서 자기 자신은 없어지며 주체성도 어디론가 사라지고 만다. 부처님은 자기와 남과의 관계에 대해서 되풀이하여 가르침을 주고 있다.

"자기가 모든 행위의 근원이다. 자기가 주체이다. 자기가 하는 일을 보라. 자기가 하지 않는 일을 보라. 자기의 행위와 그 결과를 깊이 반성하라. 먼저 자기를 올바르게 가져라. 남에게 가르치려면 그 전에 네 스스로가 실행하라."

'똥 묻은 개가 겨 묻은 개를 나무란다.'는 말도 있듯이 사소한 일까지도 남의 탓만 하면서 그것은 남이 했다든가 안했다든가 하고 떠들어대고 그런 일에만 열중해서 하루하루를 보내게 된다. 또한 자기에 대해서는 책망하는 것을 게을리 할 뿐만 아니라 모르는 체하고 지나가려고 한다. 이렇게 남에 대해 지나치게 관심을 갖는 것은 주체성이 없는 사람일수록 심하다.

남이란 단순히 눈앞에 있는 어떤 특정한 사람만을 말하는 것이 아니다. 남은 우리들 주위에 어디에나 있다. 그것은 집단일 수도 있고 사회나 국가일 수도 있다. 우리는 흔히 정치가 잘못됐다. 경제가 잘못됐다 하면서 모든 것을 누군가의 책임으로 돌려버리려는 경향이 있다. 그러나 자기가 어떤 집단, 사회, 국가의 구성원이라면 스스로 책임을 느끼고 자각 있는 행동을 해나가야 한다.

# 칭찬도 비방도 헛된 명리일 뿐

부처님은 인간을 보는 혜안(慧眼)을 지닌 분이었다. 부처님의 관찰은 인간 그 자체에 집중되고 있었는데, 그 인간은 2600여 년 전의 인도인이든 현대의 평범한 생활인이든 그 본질에 있어서는 조금도 다를 바가 없다.

드라마를 예로 들어보자. 한 편의 드라마를 엮기 위해서는 나쁜 사람과 선량한 주인공이 필요하다. 텔레비전 시청자들은 그 드라마 속에서 악인이 기고만장하여 제멋대로 행동하는 것을 울분을 가지고 지켜본다. 주인공은 온갖 고난과 실패를 맛보며 여러 번의 위험한 고비를 넘긴다. 그러나 끝내는 선이 악을 이긴다. 이때 시청자들은 비로소 안도의 숨을 쉬며 박수를 친다. 우리가 접하는 권선징악의 드라마는 이렇게 만들어져 있다. 그러나 결국 이것은 드라마에 불과하다. 드라마는 인간 생활의 일부분을 추상화해서 그것을 극적으로 강조한 것에 지나지 않는다.

그러나 우리가 처하는 구체적 현실은 그렇게 간단하지도 않고 분명하지도 않다. 무엇이 악이며, 무엇이 선인가, 그것조차도 실제에 있어서는 확실치가 않다. 어떤 행위가 어떤 상황에서는 선이라고 칭찬을 받고, 또 어떤 상황에서는 악이라고 비난을 받기도 한다. 그러나 그것도 궁극적으로 만들어진 것에 불과하다. 그렇게 만들어지고 정해진 선과 악의 기준은 하나의 가정일 뿐이다. 그러한 기준을 인정하지 않는 사람이 이 넓은 세계에는 반드시 있다. 그에게 있어서는 사람이 칭찬하는 것이 비난이 되고, 비난받는 것이 귀중하게 여겨진다. 이와 같이 인간 세계에서 행하여지는 인간의 가치는 모두 상대적이다. 일방적으로 규정할 수도 없고, 강요할 수도 없는 것이다.

현대와 같이 정보 통신매체가 발달한 시대에는 여론이라는 것이 엄청난 힘을 발휘하여 모든 가치의 기준을 획일화시켜 버리기도 한다. 그러나 실은 여론이 만드는 가치만큼 변화하기 쉬운 것도 없다. 어떤 특정한 분위기가 세상을 지배하게 되면 일방적으로 어떤 일을 비난하기만 하거나 또는 거꾸로 칭찬을 아끼지 않는다. 그런 여론은 조작되기 십상이며 반드시 변한다. 한때 칭찬했던 사람을 언제 그랬느냐 싶게 비난하게 된다. 예를 들면 폭도의 정권이 들어설 때 난세의 영웅으로 떠받들던 언론이 그가 권좌에서 물러나가마자 흉폭한 독재자로 비난의 화살을 퍼부었던 것을 보더라도 명확하다.

여론은 앞에서 예로 든 드라마의 경우와 같이 칼로 무 베듯이 선악을 결정하려고 한다. 그러나 이른바 여론은 물거품과 같다. 한때 부풀어 올랐다가 곧 사라지고 만다. 우리는 그러한 여론에 휩쓸릴 것이 아니라 비난받는 사람에게 동정을, 칭찬받는 사람에게 충고를 할 수 있는 용기있는 사람이 되어야겠다. 《법구경》은 이를 다음과 같이 설하고 있다.

**비방만 받는 사람 칭찬만 받는 사람**
**없었고 없고 또 없을 것이다.**
**칭찬도 비방도 속절없나니**
**모두가 제 이름과 이익을 위한 것일 뿐.**

# 원망을 원망으로 갚지 말라

원망이란 것은 원망을 버리지 않는 한 없어지지 않고 영원히 계속된다. 누군가 어느 시점에서 원망을 버리는 결단을 내리지 않으면 원망이 원망을 낳는 속성은 계속 반복된다. 《법구경》은 이를 경계하여 다음과 같이 설하고 있다.

**원망으로 원망을 갚으면**
**원망은 언제까지나 계속된다.**
**오직 참고 용서함으로써 원망은 쉬나니**
**이 법은 영원히 변하지 않는다.**

《법화경(法華經)》〈신해품(信解品)〉에는 인간이 빠지기 쉬운 성정(性情)으로서 '기(欺) · 태(怠) · 진(瞋) · 한(恨) · 원(怨)' 등 다섯 가지를 들고 있다. 한과 원도 같은 원망이다.

다섯 가지 중에 원망을 두 개나 든 것에서 원망이 얼마나 뿌리 깊은 것인가를 알 수 있다. 이 중에 '한'은 이 세상에서 계속 원망하는 것이며 '원'은 죽어 저승에 가서도 원망을 버리지 못함을 뜻한다.

이 두 가지를 버리지 않는 한 인간은 성불할 수 없다. 인간은 원망을 품고 죽으면 그것이 업상념(業想念)이 되어서 그 인간에게서 떠나지 않고 자기가 죽은 것도 모르고 영원히 그 상대를 원망한다고 한다.

자기가 죽은 것을 모르는 자는 언제까지나 유계(幽界)에 머물러서 영혼의 세계에 갈 수 없다. 그 동안 상대를 원망하고 죽이는 행위를 악몽같이 되풀이하게 되는데 그것이 바로 지옥인 것이다.

《관음경(觀音經)》에 '주저환착(呪詛還著)'이라는 구절이 있다. 사람을 원망하고 저주하면 그 원망과 저주가 도리어 자기에게 엉켜 붙어서 괴로워하게 된다는 뜻이다.

그러면 어떻게 하면 원망에서 자유로울 수 있을까. 《법구경》은 이렇게 권고하고 있다.

**남의 허물만을 꾸짖지 말고**
**힘써 내 몸을 되살펴 보자.**

**사람이 만일 이렇게 깨달으면**

**그 때문에 원망은 길이 쉬리라.**

우리가 실은 죽음 속에 살고 있고 우리의 인생이 물거품 같고 아지랑이 같은 것임을 깨닫는다면 원망이나 다툼은 없어질 것이다.

언젠가는 모두 죽을 몸, 남을 탓하기 전에 먼저 자신을 돌아본다면 원망보다는 오히려 연민이 앞서지 않을까.

# 자비를 발판으로 삼아 일어서라

'불교'하면 떠오르는 단어가 자비이다. 그런 만큼 여러 경전에서 자비를 설하고 있다. 여기에서는 칼을 비유로 하여 자비를 설한 잡아함《비수검경(匕手劍經)》을 살펴본다.

부처님이 기원정사에 계시면서 여러 비구들에게 말씀하셨다.

"비구들이여, 예를 들어 여기에 아주 날카롭게 간 칼 한 자루가 있다고 하자. 그런데 어떤 건장한 장정이 '이제 내가 이 칼날을 엿가락처럼 구부려 보겠다.'라고 말했다. 그런데 도대체 그가 그런 일을 할 수 있겠는가?"

"세존이시여, 그런 일을 할 수 있는 사람은 아무도 없습니다."

"어째서 할 수 없다고 하는가?"

"세존이시여, 그렇게 날카롭게 간 칼이 구부러질 리도 없을 뿐더러 그런 일을 했다간 크게 다쳐 피를 볼 뿐입니다."

부처님은 제자들의 그러한 대답을 듣고 나서 자비의 덕에 관해 말씀하셨다.

"비구들이여, 그와 마찬가지로 만약 너희들이 자비의 마음을 닦아 그것을 자주 되풀이해서 완전히 몸에 익힌다면 그것을 발판으로 하여 바로 서서 편안할 수 있게 될 것이다. 그러면 아무것도 두려울 것이 없게 된다. 비록 귀신이 나타나서 너희들의 마음을 흔든다 할지라도 절대로 마음 먹은대로 유혹하지 못할 것이다."

자비로운 마음을 내는 것은 결코 쉬운 것이 아니다. 사랑과 슬픔의 마음을 뭇 인간에게 더 나아가서 모든 생명 있는 것들에게 확대시켜 나갈 때 그것이 바로 자비가 되는데 그것을 확대시켜 가려고 하면 갖가지 번뇌가 그것을 방해한다.

이기심과 탐욕이 그것이며 노여움이나 탐욕의 마음도 그 한 장애물이다. 그런가 하면 집단적 이기주의와 편협한 애국심 등도 앞을 가로막는다. 마음을 항상 부처님께 향하도록 노력하여 이를 방해하는 모든 요소들을 제거했을 때 비로소 끝없는 사랑인 자비가 이루지는 것이다.

# 미움은 사랑에서 생긴다

불교의 가르침 중에 '사고(四苦)'라는 것이 있다. 그것은 애별리고(愛別離苦) · 원증회고(怨憎會苦) · 구부득고(求不得苦) · 오온성고(五蘊盛苦)'의 네 가지다. 이 중에 특히 긴긴 밤 사람을 잠 못들게 하는 것은 '사랑하는 사람과 이별하는 괴로움'과 '원망하고 미워하는 자와 만나게 되는 괴로움'이다. 이것을 《법구경》은 이렇게 적고 있다.

**사랑하는 사람을 갖지 말라.**
**미운 사람도 갖지 말라.**
**사랑하는 사람은 못 만나 괴롭고**
**미운 사람은 만나서 괴롭나니.**

사랑하는 사람도 가지지 말고, 미운 사람도 가지지 말라고 하고 있지만 현실적으로 인간 사회에서 그것은 도저히 불가능한 일일 것이다.

증지부경전(增支部經典)에 "사랑은 사랑에서 생기고 사랑에서 미움도 생긴다. 미움에서 사랑이 생기고 미움에서 미움이 생긴다."라는 구절이 있다. 사랑과 미움은 동전의 양면과 같아서 어떠한 사람도 그 속에 사랑과 미움을 동시에 감추고 있다는 것이다. 사랑이 깊으면 깊을수록 미움의 가능성도 커진다. 그것은 사랑이란 것이 본질적으로 자기 사랑을 중심으로 삼고 있기 때문이다.

《법구경》의 또 다른 게송은 이러한 사랑을 걱정과 두려움의 근원으로 보고 있다.

**사랑으로부터 걱정이 생기고**
**사랑으로부터 두려움이 생기나니**
**사랑이 없으면 걱정이 없거늘**
**또 어디에 두려움이 있겠는가.**

이에 계속되는 게송에 따르면 사랑이라는 것은 친애(親愛: 육친에 대한 사랑) · 애요(愛樂: 남에 대한 우정) · 애욕(愛欲: 성애) · 갈애(渴愛: 병적인 성애)의 순서로 깊어 간다고 한다.

사랑이 이러한 것이라면 될 수 있으면 사랑의 수렁에 빠지지 말아야 할 것이다. 그러나 반면에 네 가지 고(苦)는 이런 사랑에서 헤어날 수 없는 것이 인간이라는 것을 말하고 있다.

그렇다면 어떻게 해야 할 것인가. 첫째로는 이들 사랑을 자비로 전환시켜야 한다. 만인을 향한 우정으로 전환하는 것이다. 둘째, 사랑하되 사랑하지 않고 미워하되 미워하지 않는 경지로 스스로를 고양시키도록 노력하는 일이다. 이것은 사랑도, 미움도 아닌 담담한 심정으로 사람을 접하는 길이다. 이 심정이 깊어지면 '자비'로 변화해 간다.

그리고 또 하나 주의해야 할 것은 불교가 사랑을 철저히 부정한다고 오해해서는 안 된다는 점이다. 불교는 목석같은 사람이 되라고 가르치는 것이 아니다. 다만 애욕의 늪에 빠져 허우적거리지 말라는 것이다.

# 애욕의 가시덤불을 헤치고

부처님은 애욕으로 고민하고 있는 젊은 수행자를 법(法)의 길로 인도하는 훌륭한 스승이기도 했다. 소부경전 《자설경》에는 부처님이 두고 온 아내를 잊지 못하는 이복동생 난다(難陀)를 깨우쳐 깨달음으로 인도한 이야기가 나온다. 이야기의 전말은 이렇다.

난다는 부처님이 깨달음을 얻은 후 고향인 카필라 성(城)을 방문했을 때 그 명성을 듣고 출가하였다. 그러나 출가의 생활이 고생스럽자 늘 두고 온 아내와 속세의 일을 생각하고 있었다.

"벗들이여, 나는 출가 생활을 견딜 수가 없다네. 나는 속세로 돌아갈까 생각 중이네."

그 말은 여러 비구들의 입을 거쳐 부처님의 귀에까지 들어가게 되었다. 하루는 부처님이 난다를 불렀다.

"난다여, 그대는 비구들에게 속세로 돌아가고 싶다고 말했다는데 그게 사실인가?"

"세존이여, 죄송합니다."

"난다여, 그대가 다시 속세로 돌아가고 싶어하는 것은 어떤 이유에서인가?"

"세존이여, 제가 카필라 성에서 나올 때 결혼한 지 얼마 안 된 아내가 '빨리 돌아오세요'라고 말한 것을 도저히 잊을 수가 없습니다."

이때 부처님은 난다의 팔을 꽉 붙잡더니 그를 삼십삼천(三十三天)[23]의 세계로 데리고 갔다. 그곳에는 천녀(天女)들이 여럿이 천신(天神) 인드라에게 문안을 드리기 위해 모여 있었다. 그 아름다움은 뭐라고 말할 수 없었다.

"난다여, 저 천녀들과 네 아내 중 어느 쪽이 더 아름다운가?"

"세존이시여, 저 천녀들에 비한다면 제 아내는 아름다울 것이 없습니다."

"그러면 난다여, 그대가 저 천녀들을 얻을 수 있도록 해줄 것을 내가 약속하겠다."

---

23) 삼십삼천(三十三天): 욕계(欲界) 6천(天)의 제2천인 도리천(忉利天)을 가리키는 이름이다. 욕계 6천은 6욕천(六欲天)이라고도 하는데 이 6겹의 천은 식욕과 음욕을 떠나지 못한 세계이다.

그리고 부처님과 난다는 다시 기원정사로 돌아왔다. 난다는 다시 수행을 시작했다. 이미 비구들 사이에는 난다가 천녀를 얻을 속셈으로 수행하고 있다는 소문이 퍼졌다.

난다는 이 소문을 듣고 더욱 수행에 전념해서 오래지 않아 아라한의 경지에 이르게 되었다. 그러자 그는 부처님을 찾아가서 이전의 약속을 취소시켜 달라고 간청하였다. 부처님은 그의 뜻을 받아들이고 이와 같이 게송을 읊으셨다.

**진흙의 수렁을 넘고 애욕의 가시덤불을 헤쳐**
**인간의 어리석음을 모두 없애버린**
**고(苦)와 낙(樂)에 흔들리지 않는 자여,**
**그대가 참다운 비구가 아닌가.**

# 성자가 갖추어야 할 조건

부처님이 코살라 국의 잇차낭가라라는 마을에 계실 때의 일이다. 젊은 바라문 출신의 청년들이 토론을 하다 결론을 내지 못하고 부처님을 찾아왔다. 그것은 '성자(聖者)란 도대체 어떠한 사람을 말하는가.'하는 문제였다.

부처님은 젊은이들을 위해서 이 문제를 친절히 해설하고 설명했다. 소부경전(小部經典)은 이 설명의 말을 모두 운문으로 기록하고 있는데 그 운문은 모두 63절이나 된다. 그 취지는 사람의 귀하고 천함을 결정하는 것은 출신성분이 아니라 업(業) 즉 행위라는 것이다.

다음은 부처님이 밝힌 성자가 갖추어야 할 조건 중 몇 가지이다.

모든 속박을 끊어버려
두려울 것이 없는 사람
스스로를 묶은 매듭을 풀어 자유가 된 사람
이러한 사람을 나는 성자라 부른다.

욕 먹고, 얻어맞고, 묶이어도
흔들림이 없는 마음의 평안
참고 견디어 내는 오! 힘이 있는 사람
이러한 이를 나는 성자라고 부른다.

분노 없는 성실,
탐욕 없는 덕,
그리고 스스로를 다스리고 그 망설임의 삶을
되풀이하지 않는 사람
이러한 이를 나는 성자라고 부른다.

연꽃잎에 묻지 않는 물방울같이,
송곳 끝에 앉지 않는 겨자씨와 같이,
모든 욕망에 집착하지 않는 사람
이러한 이를 나는 성자라고 부른다.

사려 깊고 슬기로운 사유만이 있어
도(道)와 도가 아님을 변별하고,
최고의 도리(道理)에 도달한 사람
이러한 이를 나는 성자라고 부른다.

약한 자도 강한 자도
생명이 있는 것에 매를 들지 않고
다치지도 않으며 죽이지도 않는 사람
이러한 이를 나는 성자라고 부른다.

악의 있는 사람들 속에 있어도 악의가 없고
매를 손에 든 사람들 속에 있어도 매를 들지 않으며
집착 많은 사람들 속에 있어도 집착이 없는 사람
이러한 이를 나는 성자라고 부른다.

탐욕도 노여움도 교만도 위선도
겨자씨 송곳 끝에 앉지 않고 떨어짐과 같이
모두 떨쳐 버리는 사람
이러한 이를 나는 성자라고 부른다.

거친 말로 이야기하지 않고
도리와 진실을 이야기하며
말로써 남을 다치게 하지 않는 사람
이러한 이를 나는 성자라고 부른다.

이 세상에 대하여 욕구가 없고
저승에 대해서도 욕구가 없으며
애욕과 집착함이 없이 자비로운 사람
이러한 이를 나는 성자라고 부른다.

# 진정으로 자기를 사랑하는 길

불법(佛法)에 귀의한 뒤로 코살라 국의 파세나디(波斯匿) 왕은 때때로 부처님을 찾아와 여러 가지 주제를 놓고 이야기를 나누고는 했다. 그리고 자기 생각을 부처님께 털어놓고는 그 생각이 정당하지 부당한지 판가름을 받았다. 다음은 잡아함 《자념경(自念經)》에 실려 있는 이야기이다.

"세존이시여, 저는 혼자 앉아서 명상에 잠기어 이렇게 생각해 보았습니다. '도대체 진정으로 자기를 사랑하는 것은 어떻게 하는 것일까. 또 자기를 사랑하지 않는다는 것은 어떤 것일까.' 그리하여 저는 다음과 같은 결론을 얻었습니다.

세존이시여, 나쁜 일을 행하고, 나쁜 말을 하고, 또 나쁜 생각을 품는 사람은 누구든 참으로 자기를 사랑하는 사람이 아니라는 것입니다. 왜냐하면 그 사람은 사랑하지 않는 사람이 사랑하지 않는 사람에게 하는 일을 자기에게 하고 있다고 생각되기 때문입니다. 세존이시여, 그에 반해서 착한 일을 하고, 착한 말을 쓰며, 또 그 마음속에 착한 생각을 품는다면 그 사람은 참으로 자기를 사랑하는 사람일 것입니다.

세존이시여, 이것이 저의 결론입니다. 비록 그 사람이 '자기를 사랑하지 않는다고 할지라도 그 사람이야말로 참으로 자기를 사랑하고 있다고 생각합니다. 왜냐하면 그 사람은 사랑하는 사람이 사랑하는 사람에게 하는 일을 하고 있기 때문입니다."

부처님은 왕의 견해를 듣고 고개를 끄덕이며 말씀하셨다.

"대왕이여, 바로 그대로입니다. 누구든 몸(身) · 입(口) · 뜻(意)으로 악업(惡業)을 행하는 자는 참으로 자기를 사랑하고 있지 않는 것입니다. 몸 · 입 · 뜻에 있어서 선업(善業)을 행하는 사람, 그런 사람이야 말로 참으로 자기를 사랑하는 사람입니다." 이와 같이 말씀하시고 부처님은 다음과 같이 게송을 읊으셨다.

**자기를 사랑하는 사람이라면**
**자기를 악에 묶어두지 말라.**
**나쁜 업을 행하는 사람은**
**안락을 얻기 어려운 것이니**

# 적국을 침략할 수 있는 기회

부처님의 생존 당시 베살리는 남쪽으로는 강을 사이에 두고 마가다국에 접하여 있고, 서쪽으로는 코살라국과 마주하고 있었다. 즉 베살리는 큰 두 왕국 사이에 끼여서 항상 위협을 받고 있는 도시국가였다. 그러나 회의정치(會議政治)를 잘 운용해서 그 독립을 유지해 가고 있었다.

베살리의 원숭이 연못 곁에 있는 중각강당(重閣講堂)[24]에 머물고 있던 부처님은 어느 날 제자들을 모아놓고 베살리 사람들을 이렇게 칭찬했다. "비구들이여, 이곳 사람들은 밤에는 짚을 베개 삼아 자고 아침 일찍 일어나 열심히 각자의 일을 다하고 있다. 그

24) 중각강당(重閣講堂): 일명 대림정사(大林精舍)라고도 하며 정사의 강당 옥상에 첨탑이 솟아 있어 당각강당(堂閣講堂)이라고도 부른다.

래서 마가다 국의 아자타삿투(阿闍世) 왕은 이 나라를 침략하려고 노리고 있지만, 그 기회를 얻지 못하고 있다. 비구들이여, 장차 그들이 유약한 생활에 빠져서 푹신한 잠자리에서 새털 베개를 베고 태양이 솟아오를 때까지 잠자게 된다면 그때야말로 아자타삿투 왕은 이 나라를 침략하는 기회를 포착하게 될 것이다."

부처님은 베살리 사람들이 지금의 정신 자세를 잊어서는 안 된다고 하며 제자들에게도 다음과 같이 말씀하셨다.

"비구들이여, 지금 너희들도 짚을 베개 삼아 자고 마음을 게을리 하지 않고 열심히 제 할 일에 열중하고 있다. 그렇기 때문에 악마들이 너희들 마음을 침범하려고 해도 그 기회를 얻지 못하는 것이다. 그러나 비구들이여, 장차 너희들이 유약한 생활에 빠져 편안한 잠자리에서 새털 베개를 베고 태양이 솟아오를 때까지 잠자게 된다면 그때야말로 악마들은 순식간에 너희들을 침범할 기회를 포착하게 될 것이다." 잡아함 《침목경(枕木經)》에 실려 있는 이 이야기는 부처님과 그 제자들의 공동체 즉 '승가(僧伽)'의 기본적 윤리를 잘 설명하고 있다. 원래 승가라는 말의 근원은 베살리 사람들이 가지고 있던 것과 같은 정치체제인 합의제에 의한 집단 의사결정 체제라는 뜻이었거니와 부처님 당신 또한 승가의 일원으로서 살았다. 부처님은 베살리 사람들의 강건하고 근면한 정신을 비유로 들어 수행자들이 지켜야 할 덕목을 설하신 것이다.

# 정법을 지키면 결코 망하지 않으리

부처님은 한 민족이나 국가가 번영을 누리고 지속시키기 위해서는 무엇을 지켜야 하는지를 간접적으로 말한 적이 있다. 그것은 부처님이 라자가하에서 최후의 전도의 길을 떠나기 얼마 전의 일이었다. 마가다의 대신 밧사카라가 왕명을 받들어 영취산으로 부처님을 찾아왔다.

"세존이시여, 아자타삿투 왕께서는 세존께서 건강하신지 문안드리고 오라고 말씀하셨습니다. 그리고 왕께서는 지금 밧지를 정벌하려는 계획을 가지고 계십니다. 이에 대한 세존의 말씀을 받들어 오라고 분부하셨습니다."

부처님은 밧사카라의 말에 대해서 아무런 대답도 하지 않은 채 다만 부채를 부치고 있는 아난다를 돌아보며 이렇게 물었다.

"아난다여, 요즘 밧지 사람들은 자주 모임을 열고 있는가?"

"세존이시여, 그들은 지금도 자주 모임을 열고 있으며, 그 모임은 훌륭하다고 듣고 있습니다."

"그런가? 모임이 잘되고 있는 동안에는 밧지의 번영이 기대된다. 멸망할 걱정은 없구나. 그런데 아난다여, 그들은 지금 해야 할 의무를 다하고 있는가?"

"세존이시여, 그들은 지금도 힘을 모아 그들의 임무를 다하고 있다고 들었습니다."

"그런가? 그들이 의무를 훌륭하게 다하고 있는 동안은 밧지는 번영할 것이다. 멸망할 걱정은 없겠구나. 그러면 아난다여, 그들은 예로부터 내려오는 전통과 법을 잘 지키며 살고 있는가?"

"세존이시여, 그들은 전통을 존중하여 따르며 정해진 법을 어기지 않고 옛 법을 잘 지키고 있다고 들었습니다."

"그런가? 법을 지키고 있는 동안은 그들은 번영할 것이다. 멸망할 일은 없겠구나."

부처님은 계속해서 밧지 사람들이 노인을 공경하고 부녀자를 보호하며 조상의 은덕을 잊지 않는지, 그리고 성자를 존중하며 그 가르침을 잘 따르는지에 관해서 물었다.

아난다는 그런 일 또한 모두 훌륭하게 이루어지고 있다고 대답했다. 그러자 부처님은 그들에게는 번영만이 기대되며 멸망할

우려는 없을 것이라고 단호하게 말씀하셨다.

마가다의 대신 밧사카라는 부처님과 아난다의 대화를 아자타삿투 왕에게 보고했다. 그 말을 전해 듣고 왕은 밧지를 정복할 것을 단념했다.

장부경전의 《열반경(涅槃經)》에서는 이러한 7개 조의 내용을 '칠불퇴법(七不退法)'이라 하고 있거니와 부처님은 이것을 비유로 삼아 어떻게 수행하여야 하는가를 설하셨다.

# 계율의 향기

'계율'의 원어는 산스크리트어로는 실라(śīla)라고 하는데, 본래는 습관 된 행위라는 뜻을 갖고 있다. 예를 들어, 5개의 첫째 항목인 불살생계(不殺生戒)는 '생명 있는 것을 죽이지 않는다'라는 계율인바, 평생토록 지킬 것을 맹세하고 그것을 되풀이 명심할 때 어쩌다 어떤 생명을 죽이려고 손이 움직이다가도 잠재된 계율의 힘이 들었던 손을 저절로 내려놓게 만든다. 이러한 상태가 되었을 때 불살생계가 몸에 뱄다고 할 수 있다.

칠불통계게(七佛通誡偈)에 '제악막작(諸惡莫作) 중선봉행(衆(諸)善奉行) 자정기의(自淨其意) 시제불교(是諸佛敎)'라는 구절이 있는데 일반적으로 '악을 행하지 말라.

선을 행하라'고 해석해서 계율을 명령조의 가르침으로 받아들이고 있다. 그러나 팔리어로 된 게송과 대조해보면 그것은 편협한 해석이라는 것을 알 수 있다.

팔리어로 된 문장에는 "일체의 악을 행하지 않는 것, 선을 실행하는 것, 자기의 마음을 깨끗이 하는 것, 이것들은 모든 깨달은 사람들의 가르침이다."라고 쓰여 있다. 즉 계율이란 타율적인 것이 아니라 스스로 적극적으로 맹세하고 지켜 나가는 자율적인 것이다.

이 세상에는 향기로운 것이 많다. 예를 들면 프랑스의 '샤넬 5'는 고급 향수로서 이름을 떨치고 있다. 그러나 그 향기는 시간이 조금만 지나거나 물로 씻어버리면 곧 증발하여 없어져 버린다. 그러나 계율의 향기는 언제까지나 그 향기를 지니고 있을 뿐만 아니라 그 향기가 사방팔방으로 풍겨서 주위를 맑고 향기롭게 한다. 그리고 일단 몸에 스민 계율의 향기는 이 세상의 어떤 냄새보다도 향기로우며 또 영원히 지속되어서 없어지지 않는 것이다.

계율과 관련 있는 수행도 산스크리트어는 바바나(bhāvanā)인데 이 또한 되풀이해서 몸에 익힌다는 뜻이다. 즉, 그 자리에서 바로 이루어지는 것이 아니라 점차적으로 본질을 체득해 가는 것이다.

계율과 수행, 모두가 적극적으로 또 주체적으로 덕을 실천해서 몸에 익혀 가는 노력을 그 내용으로 하고 있다.

# 이 세상에서 가장 사랑스러운 것

코살라의 파세나디(波斯匿) 왕에게는 말리(末利)라고 하는 아름다운 왕비가 있었다. 평소 말리라는 희고 작은 꽃을 머리에 꽂고 있었기 때문에 그렇게 불렀다. 어느 날 파세나디 왕은 말리 왕비와 함께 성의 동쪽에 있는 높은 누각에 올랐다. 밑으로는 코살라의 푸른 대지가 끝없이 펼쳐져 있었다. 이때 왕은 문득 왕비를 뒤돌아보며 물었다.

"말리여, 이 넓은 세상에서 그대는 누가 가장 사랑스럽다고 생각하는가?" 그녀는 잠시 생각하더니 진지한 표정으로 대답했다.

"왕이시여, 저는 이 세상에서 자기 자신보다 사랑스럽다고 생각하는 것은 없습니다. 임금님은 어떠신지요."

"말리여, 나도 그렇게 생각하오."

두 사람의 생각은 일치했다. 그러나 그 결론은 어딘가 석연치 않은 것 같았다. 왜냐하면 평소 부처님의 가르침을 따르던 그들에게는 자신을 먼저 사랑한다는 것은 옳은 것이 아닌 것처럼 느껴졌기 때문이었다.

파세나디 왕은 기원정사로 부처님을 찾아가 이에 대한 가르침을 청했다. 부처님은 이 세상에서 자기 자신보다 사랑스러운 것은 없다고 생각한다는 왕과 왕비의 결론을 듣고 조용히 고개를 끄덕였다. 그리고 게송으로 그들에게 가르침을 주었다.

**사람의 생각은 어디든지 갈 수가 있나니**
**그러나 어디로 가든지**
**사람은 자기보다 사랑스러운 것을 찾을 수 없는 법.**
**그와 같이 다른 사람에게도**
**자기 자신이 다시 없이 사랑스러운 것이니**
**그렇다면 자기가 사랑스럽다는 것을 아는 사람은**
**남을 해쳐서는 안 되네.**

이 게송에서도 알 수 있듯이 부처님은 감출 수 없는 인간의 본성인 자기애를 일단 인정한 뒤 그것을 타인에게까지 확대하여 보편적인 인류애 즉 불살생(不殺生)으로 승화시키고 있다.

# 욕망의 사슬

불교에서는 시간적인 제약성을 갖고 있는 인간 존재의 삶을 해명하는 구조로서 '고(苦)'라는 것을 들고 있다. '고'라는 말은 이 경우, 일상생활에서의 감각적인 고통을 의미하는 것이 아니고 오히려 고(苦)와 낙(樂)의 서로 연속되는 관계를 뜻한다.

외국의 어느 유명한 불교학자는 불교용어로서 쓰일 때의 '고'는 오히려 '즐거움'이라고 번역해야 한다고까지 말한다. 이 해석은 '고'의 질적인 측면을 잘 파악하고 있다고 해야 할 것이다. 우리들이 '고'라고 느끼는 경우는 즐거움의 영속성이 단절되었을 경우이다.

한 가지 욕망이 만족되어도 그 욕망의 충족은 결코 영속적인 욕망의 충족을 가져오지 않고, 당장에 다음의 욕망에 대한 새로운 충족을 구하는 계기가 되어 버린다. 이와 같이 욕망에는 자기 충족성이란 것이 없다. 여기에서 욕망의 구조, '고' 자체의 구조를 볼 수가 있다.

불교에서는 고를 보통 생고(生苦) · 노고(老苦) · 병고(病苦) · 사고(死苦) 등 네 가지를 기본적인 고로 들고 여기에 애별리고(愛別離苦) · 원증회고(怨憎會苦) · 구부득고(求不得苦) · 오음성고(五陰盛苦)를 더하여 여덟 가지의 '고' 즉 '팔고'라고 한다.

이 여덟 가지 고 중에서 구부득고는 아무리 구해도 얻을 수 없는 괴로움이다. 인간의 욕망에는 끝이 없어 하나의 욕망이 이루어진 그 순간부터 다음 차례의 새로운 욕망이 생겨나게 된다. 욕망은 욕망의 충족에 의해서 채워지는 것이 아니다.

끝없는 욕망의 추구는 쾌락이 아니라 오히려 가장 큰 고통인 것이다. 불교에서 되풀이해서 경고하고 있는 것은 재물 자체의 죄악성이 아니라 인간의 욕망에 대한 끝없는 집착이었다.

불교에서는 출가와 아울러 재가 생활도 인정하고 있기 때문에 재가 생활 즉 세속 생활의 기초가 되는 재물의 가치를 전면적으로 부정할 수는 없다. 그러나 재물을 무제한적으로 추구한다면 재가 불교는 결국 단순한 재가 생활에 그치고 종교적, 윤리적 비약을 하지 못하게 될 것이다. 《법구경》은 이를 다음과 같이 심각하게 경계하고 있다.

**어리석은 사람은 재물에 몸을 묶고**
**피안으로 건너갈 생각을 않는다.**
**재물을 탐하고 사랑하기 때문에**
**남을 해치고 또 자기를 죽인다.**

이처럼 불교는 재물의 공공성과 중립성을 인정하지만 그에 대한 탐욕스러운 추구가 가지는 위험성을 경고한다.

# 적은 내부에 있다

부처님은 일찍이 "악은 사람의 마음에서 나와 사람의 몸을 망친다. 마치 녹이 쇠에서 나와 바로 그 쇠를 먹는 것처럼(법구경)"이라고 설하셨다.

부처님의 가르침에 의하면 신업(身業: 몸으로 하는 행위) · 구업(口業: 입으로 하는 말) · 의업(意業: 마음가짐의 자세)의 세 가지 행위가 부정(不正)하면 인간은 끝없는 윤회의 굴레에서 헤어나기 어렵다고 한다. 여기에서의 부정이란 말은 여러 가지로 생각할 수 있지만 개인의 행복만을 추구하고 많은 사람들의 공공의 복지에 대해 무관심한 것도 그 중 하나일 것이다.

불교에서는 개인의 행복보다는 보다 많은 사람의 행복한 삶을 추구하고 있다. '사홍서원(四弘誓願)'의 처음에 있는 '중생무변서

원도(衆生無邊誓願度)'라고 하는 것이 바로 그것이다. 이 같은 서원이 왜 인간에게 일어나는가. 그것은 인간을 생존케 하고 움직이는 영원한 것, 즉 불심이 이 세계를 조화롭게 하고 인간뿐만 아니라 생명 있는 모든 것 전체가 행복하도록 염원하고 있기 때문이다. 따라서 이러한 커다란 움직임에 어긋나는 행위가 부정인 것이다.

그러한 부정한 행위 중에서 특히 심한 것은 인간의 자연 파괴, 환경오염이다. 인간은 본래 자연에는 없었던 것을 대기나 바다, 강으로 마구 흘려보내어 다른 생물들의 생존을 위협하고 있다. 그리고 이제 그것들이 모두 다시 인간에게 되돌아와서 인간 자신의 생존을 위협하고 있다. 이러한 인류 생존을 위협하는 오늘날의 환경오염을 부처님은 그 옛날 생명 있는 모든 것들과의 공존을 강조함으로써 이미 예언하셨던 것이다.

# 농부가 잡초를 뽑듯이

불교에서는 많은 비유가 사용되고 있는데 듣는 사람의 환경이나 능력에 따라 그것을 사용함으로써 많은 효과를 얻고 있다. 비유는 다만 설명하려는 사물을 이해시키는 데 효과적인 방법이라는 인식론상의 유추로서의 가치만 갖는 것은 아니다. 그 사물을 직접 표현하지 않고 상징적으로 표현함으로써 그 세속적 존재를 자기가 지향하는 탈세속적 또는 종교적 차원으로까지 높인다는 가치전환의 역할도 하고 있는 것이다.

불교 문헌 여러 곳에서 대장장이가 등장하는데 여기서 그는 다만 돈과 가족을 위하여 땀 흘리는 노동자가 아니라, 자기 존재의 모든 것을 노동 속에 위탁하는 실존적이며 무소유적인 근면의 표본으로서 등장한다. 대장장이가 경전에 등장해서 그가 금을 정련하듯이 우리들의 마음에 묻은 때를 제거하지 않으면 안 된다는 등의 높은 종교적 가치가 부여되는 것도 이 때문이다.

**지혜로운 사람은 꾸준하고 천천히 나아가면서**
**마음의 때를 씻어 버린다.**
**마치 금을 다루는 대장장이가**
**금의 더러움을 제거하듯이** (법구경)

이처럼 비유에 등장하는 대장장이는 그 세속성을 버리고 순수한 탈세속의 가치로서 종교 문헌에 쓰여지는 것이다. 이에 대해서 어느 학자는 이렇게 말하고 있다.

"불교에서는 노동이나 근로에 한정하지 않고 무엇이든 이 세상에서 행하여지고 있는 것을 비유를 이용하여 종교적으로 가치를 전환하고 있다. 불교는 탈세속을 제일의 가치로 삼고 있어서 세속을 전적으로 긍정한다면 그 가치체계가 무너지기 때문이다."

농부가 밭의 잡초를 뽑는 일을 통해서 자기 마음의 잡초를 뽑는 것을 배우듯이 대장장이는 금을 제련하면서 자기 마음을 다듬음으로써 불교도로서의 자격을 얻는 것이다. 이처럼 불교도는 자신이 처한 일상생활 속에서 종교적 의미를 파악하여 일거수일투족을 수행으로 삼는다.

# 깨닫지 못하는 다섯 가지 이유

여인에게는 다섯 가지의 장애가 있어 빨리 성불할 수 없다고 전해져 왔다. 이것을 《법화경》 〈제바달다품〉은 "첫째는 범천왕(梵天王)이 될 수 없고, 둘째는 제석천(帝釋天), 셋째는 마왕(魔王), 넷째는 전륜성왕(轉輪聖王), 다섯째는 불신(佛身)이 될 수가 없다. 어찌 여자의 몸으로 빨리 성불할 수 있겠는가."라고 하고 있다. 이 같은 다섯 가지는 오랫동안 여인의 넘어설 수 없는 한계로 설명되어져 왔고 믿어져 왔다. 그러나 이 다섯 가지의 예 중에서 마왕이 될 수 없다는 것이 부처님이 되는데 장애가 되는 것일까. 그보다도 여성이 마왕이나 전륜성왕이 되고 싶다고 생각할 것인가라는 의문을 가지게 된다.

그런데 여성이 성불하는데 장애가 되는 것 다섯 가지를 《법화경》〈신해품(信解品)〉에서는 기(欺) · 태(怠) · 진(瞋) · 한(恨) · 원(怨)으로 설명하고 있다. '기'란 믿어야 할 것을 믿지 못함을 뜻한다. 즉 인간이 자기의 힘이 아닌 부처님의 힘에 의해서 살고 있다는 것을 믿지 못하는 것을 말한다. 인간의 믿음은 바로 부처님의 힘으로 살고 있다는 것을 기초로 하기 때문에 이 '기'에서 탈피하지 못하는 자는 결국 부모도, 처자도, 친구도 믿을 수 없게 된다.

'태'는 악을 끊고 행하는데 게을리 함을 말한다. 악이란 많은 사람들의 행복을 방해하는 것이다. 따라서 태란 자기의 생활이나 자기의 행복에 지장이 없는 한 사회악에 맞서 보려고 하지 않는 여성의 결점을 가리킨다.

'진'은 '미움' 또는 '노여움'으로 항상 누군가 남을 미워하는 것을 말한다. 부처님의 말씀에 "사랑은 사랑에서 생기고 사랑에서 미움도 생긴다. 미움에서 사랑이 생기고 미움에서 미움도 생긴다."라는 것은 바로 이를 두고 하는 말이다. 애정을 인생의 제일의 조건으로 삼는 일이 많은 여성들은 '진'의 노예가 되기 쉽다는 뜻이다. '한'은 '가볍게 원망하는 것' 즉 이 세상에서 원망하는 것을 뜻한다. '원'은 '깊이 원망하는 것' 즉 죽은 후 저승에까지 가서 원망하는 것을 말한다. '한'이나 '원'은 대부분 깊이 사람을 사랑하다가 배반당했을 경우에 일어난다. 사랑은 항상 배반을 간직하고 있으므로 여성은 '한'과 '원'에 빠지기 쉽다.

# 마음은 모든 일의 근본

마음은 모든 일의 근본이 된다.
마음이 주가 되어 모든 일을 시키나니
마음속에 악한 일 생각하면
그 말과 행동도 또한 그러하리라.
그 때문에 괴로움은 그를 따르리라.
마치 수레를 따르는 수레바퀴 자국처럼.

마음은 모든 일의 근본이 된다.
마음이 주가 되어 모든 일을 시키나니
마음속에 착한 일을 생각하면
그 말과 행동도 또한 그러하리라.

**그 때문에 즐거움이 그를 따르리라**
**마치 형체를 따르는 그림자처럼**

이것은 원시불교 경전 중에서도 제일 먼저 만들어졌다는《법구경(法句經)》의 첫 번째와 두 번째 구절이다.

물질과 마음, 그것은 언뜻 생각하기에 대립되는 것같이 보인다. 유럽 근대철학의 출발점이라고 일컬어지는 데카르트는 물질과 정신의 이원론(二元論)을 주장한 바 있다. 근대 이후 급격히 발전한 자연과학과 그것을 응용한 기술은 오직 물질을 가장 효과적으로 이용하여 상품을 생산하는 데만 몰두해 왔다. 그 결과 이제는 물질이 오히려 창조자인 인간을 조정하고 살상하는 흉기가 되고 있다.

우리나라의 이른바 근대화라는 것도 이러한 서양의 오류를 추종하는 것에서 크게 벗어나지 못하고 있다. 온갖 재해, 환경오염 등이 이를 입증한다. 이처럼 동서양을 막론하고 근대 이후 인류의 모든 것이 물질 생산을 위해 바쳐졌다.

특히 제2차 세계대전을 비롯한 수많은 전쟁이 자원을 확보하기 위해서 저질러졌고, 심지어 인적 자원이란 말까지 생겨 인간까지도 물질로서 취급되고 있다.

이러한 흐름 속에서 한편으로는 물질에 대응하는 마음 즉 정신이 강조되기도 한다. 그러나 이때의 마음은 물질에 대립하는 것으로만 상정된다. 이것은 오히려 마음을 위축시키고 극도로 소외감을 일으키게 하고 그 결과는 대로망상과 허영심이 되어버리고 만다.

불교에서 말하는 마음은 그러한 마음이 아니다. 물질과 대립하거나 경쟁하지 않는 오히려 물질을 감싸서 일체의 사물을 조화롭게 하는 주체가 되고 그 근거가 되는 그러한 마음이다.

물질에서 사물에 이르기까지의 일체에 대해서 그것들을 제각기 자연의 사물이게 하고 또 물질의 소임을 다하게 하는 것, 이것이 불교의 마음이다.

원래 마음은 정지하여 있거나 응결하여 있는 것이 아니다. 마음이 우리들이 바라는 대로 되어 주지 않는다는 것은 경전의 이곳저곳에서도 설명되어 있고 우리들이 끊임없이 경험하고 있는 바이다 마음을 진실로 자기의 것으로 하여 차례차례로 솟아오르는 갖가지 부도덕하고 이기적인 마음을 제거하고 순수 · 청정무구한 마음에 눈을 떴을 때 그리고 그 마음을 주인으로 삼아 그것에 다다랐을 때 그곳에 바로 불교가 살아 숨쉬는 것이다.

# 하룻밤을 버리는 것은 그대의 생명을 버리는 것

"바흐야(Vāhya), 담마(Dharma), 산카라(Sancāra)"

이것은 부처님이 열반의 순간에 제자들에게 남긴 최후의 말이다. '산카라'는 행(行)의 복수이며, '바야'는 '지나간다'는 뜻이고 '담마'는 '법(法)' 또는 '사물'의 복수이다. 요컨대 이 말은 '제행무상(諸行無常)'과 같은 뜻의 말이다. 그리고 이 말에 이어서 "게으르지 말고 정진하라."라고 강조했다.

세상에는 시간을 낭비하거나 한가롭고 헛되이 보내는 사람이 많다. 그러나 인간에게 있어서 일생이란 그처럼 긴 것일까? 특히 어떠한 목적을 가진 사람이 하루 또는 하룻밤을 헛되이 보낸다는 것은 그 목적을 이룰 수 있는 삶을 단축해 버리고 마는 것이다. 부처님 재세시의 비구 시리만다는 이를 다음과 같이 경계하고 있다.

**잠깐이라도 하루를 헛되이 보내지 말라**
**하룻밤을 무익하게 지내고 나면**
**그만큼 그대의 목숨은 줄어드나니**

**걷고 있든 서 있든 침상에 누워 있든**
**최후의 날은 다가온다.**
**그대, 지금 게으름 피울 때가 아니다.**

그렇다. 오십 년, 백 년도 하루하루가 모여 만들어진 시간이며 영원히 존재하는 대우주 속에서 보면 한 점의 먼지만큼도 되지 못하는 시간이다. 그것을 생각하면 인간의 일생이란 일순간에 불과하다. 그 일순간이라는 덧없는 삶 속에서 뜻과 목적을 가지고 살아가는 인간에게는 한순간의 시간도 아까운 일일 것이다. 살고 있다는 것은 현재라는 한 사람에 불과하다. 노력과 정진이 없는 삶은 이미 삶이 아니다. 불교는 현재라는 일순간 일순간에 모든 관심과 노력을 집중하라고 가르친다.

# 바로 지금 할 일을 하라

과거를 쫓지 말라. 미래를 기다리지 말라. 무릇 지나가 버린 것은 이미 버려진 것이다. 미래는 아직도 도래하지 않고 있다. 현재의 일들은 각각 그 자리에서 관찰하여 흔들리지 않고 또한 움직임이 없게 하여 그것을 깨달은 자는 그 경지를 확대시켜 나가라. 바야흐로 오늘 할 일을 열심히 하라. 누가 내일에 죽음이 있음을 알겠는가.

중부경전(中部經典)에 실린 위의 구절은 원시불교의 현세관을 단적으로 보여주고 있다. 물론 원시불교 시대에도 전생이라는 것을 생각하지 않은 것은 아니다. 또 죽은 뒤에 천상에 태어난다는 것이 제시되어 있었으므로 미래라는 것을 생각하지 않은 것도 아니다. 그러나 과거나 미래보다는 현재가 중요하다는 것을 인용문은 보여주고 있다. 이 말은 과거에 저지른 잘못에만 매달려 있거나 끊임없이 미래의 꿈만을 쫓기 쉬운 현대인에게는 큰 교훈이 될 것이다.

인용문 안의 '현재의 일들은 각각 그 자리에서'란 말은 현대식으로 말하자면 '현 존재를 그의 입장에서'라는 뜻이 된다.

인간은 각자가 자기의 '입장'이라는 것을 가지고 있어 그것을 떠나서 생각한다든지 행동하는 것이 쉽지 않다. 더욱이 다른 사람의 가치판단으로 자기의 현존재를 생각하거나 행동할 수는 없다.

그 '입장'이 명백하게 밝혀지지 않으면 아무리 정확한 관찰도 참된 것이 되지 못하고 항상 흔들릴 수밖에 없다. 그러므로 '흔들리지 않고 움직임이 없게'란 것은 자기 자신의 '입장'을 뜻하는 것이다. 임제(臨濟)의 표현을 빌리면 수처작주(隨處作主), 즉 자기가 처한 그곳에서 주체가 되라는 말이다.

# 하루 일하지 않으면 하루 먹지 말라

중국 당나라 때의 선승인 백장회해(百丈懷海)[25]는 "하루 일하지 않으면 하루 먹지 않는다(一日不作 一日不食)."라고 말했다. 이 말은 인간은 노동 없이는 생존할 수 없으며 노동하는 자만이 진실로 생활할 자격이 있다는 것을 선적인 독특한 엄격주의의 입장에서 밝힌 것으로 가장 널리 알려진 선어(禪語) 중의 하나이다.

당시 백장 선사는 여러 스님들과 같이 일을 했고, 늙어서도 한 번도 일을 거른 적이 없었다고 한다.

---

25) 백장회해(百丈懷海, 720~814)는 복주(福州) 장락(長樂) 사람으로 속성은 왕씨(王氏)이다. 20세 때 서산혜조(西山慧照)에게 계(戒)를 받고 선을 배웠으며, 후에 마조도일(馬祖道一)로부터 인가를 받았다. 홍주(洪州)의 백장산(百丈山)에 살며 교화에 힘썼기 때문에 세상에서 백장선사(百丈禪師)라고 불렀다. 《백장청규》는 그 무렵의 교화와 규범을 모은 것으로 오늘날에도 선가(禪家)에서는 중히 여기고 있는 불교도의 생활규범이다.

어느 날 고령의 스승이 일하는 것을 송구스럽게 여긴 제자들이 "이제 스승님은 일을 하지 마십시오. 저희들이 할 터이니 제발 오늘 하루만이라도 쉬십시오."하고 백장 선사가 쓰던 농기구를 감추어 버렸다.

그런데 일을 나가지 못한 선사는 식사 때가 되어도 나타나지 않았다. 제자들이 사방으로 찾아보니 선사는 좌선당(坐禪堂)에 묵묵히 앉아 있었다. 이에 놀라는 제자들에게 선사는 "하루 일하지 않으면 하루 먹지 않는다."라고 말했다.

이 같은 노동관은 원시불교 이래 불교의 전통 속에 살아 있다. 원시 불교의 《소송경(小誦經)》에도 "일체 중생은 먹는 것으로 산다."라고 적고 있다. 이러한 '필연성으로서의 노동'은 '노동이야말로 생존이다'라는 기본적인 인간관에 기초를 둔 것이다.

출가자의 노동이 '법시(法施)'라는 정신적 노동으로 승화 · 전화된 지역에서도 그 밑바탕에 이 같은 인간관 · 노동관이 흐르고 있음을 잊어서는 안 될 것이다.

# 아, 모든 것은 흘러가고 마는구나

《대반열반경》[26]에 따르면 무더운 갠지스 강 유역을 순례하면서 45년 간 교화를 펼치고 이미 80세에 이른 부처님은 그 일생을 회고하며 쿠시나가라 근처에 이르러 최후의 설법을 한다. 그곳에 가르침을 받기 위해 춘다와 스밧다가 찾아왔다, 부처님의 병을 걱정한 아난다가 말리는 것을 뿌리치고 부처님은 그들에게 차근차근 가르침을 설했다. 그들은 마음으로 가르침에 경배하고 불제자가 되었다.

이들을 마지막 제자로 받아들여 가르침을 베푼 부처님은 "모든 것들은 지나가는 것이니 게으르지 말고 정진하라."라는 유훈

26) 대반열반경(大般涅槃經, Mahāparinirvāṇa-sūtra): 석가모니 부처님이 쿠시나가라의 강변 사라나무 숲에서 열반에 들면서 설하신 최후의 설법을 기록한 것으로 2월 15일 하루 낮 밤 동안의 말씀이다.

을 남기셨다. 이 말이 끝난 뒤 부처님의 입도 눈도 다시는 열리지 않았다. 경전에 의하면 부처님의 열반 후에 큰 지진이 일어나고, 범천(梵天)과 제석천(帝釋天)들의 애가(哀歌), 제자들의 비탄(悲嘆), 그리고 마하카사파를 중심으로 사리공양이 있었다고 한다.

부처님의 열반 직전에 남긴 제행무상(諸行無常)의 가르침은 부처님이 발견한 원리였다. 모든 것은 시간의 흐름 위에 있다. 일체는 지나가 버리는 것, 그렇다면 우리들은 어떻게 하면 좋은가. 부처님은 "게으르지 말고 정진하라."고 마지막 가르침을 남기신 것이다. 아무것도 하지 않고 멍하게 있어도 시간은 흘러가고 제행은 멸한다. 그 속에서 우리들은 어떻게 살아가야 할 것인가. 애당초 우리들의 삶은 막연하게 주어진 것이 아니다. 현재의 내가 태어나기 위해서는 생명의 신비와 젖먹이 시절의 양육과 많은 노력이 있었다. 또한 소년 · 소녀시절의 남모를 고민도 있었다. 그것은 나 혼자만의 힘이 아니라 나를 둘러 싼 수많은 사람들의 힘으로 극복되었다. 그러한 정진의 결과 지금의 내가 여기에 존재하게 된 것이다. 어찌 되는 대로 살고 말 수 있겠는가.

불교는 개개인의 정진에 호소하고 있다, 일체는 거기서 시작되고 그것으로 끝난다. 요행도 아니고 출신성분도 아니며 환경도 아니다. 개인 한 사람 한 사람의 노력이 그 개인의 가치를 결정한다. 그러므로 정진은 끝없이 계속되어야 하는 것이다.

# 자신 밖에 따로 주인 없다

팔리 5부 중에 장부경전의 《대반열반경(大般涅槃經)》에서는 "자신을 등명으로 삼아 스스로 귀의할 곳으로 삼되 남을 귀의할 곳으로 삼지 않으며, 법(法)을 등명으로 삼아 법을 귀의할 곳으로 삼되, 다른 곳을 귀의할 곳으로 삼지 말지어다."라는 구절이 있다. 이것을 줄여서 자등명 법등명(自燈明 法燈明)이라고 하며 귀의한 말을 살려서 '자귀의 법귀의(自歸依 法歸依)'라고도 한다. 이와 같은 뜻의 글이 장아함의 《유행경(流行經)》과 잡아함에도 나와 있다. 등명에 대항하는 '디파(dīpa)'는 주(州)나 섬(島) 등으로 번역되기도 하는데 남전대장경(南傳大藏經)에서는 후자를 취하고 있다.

이 '자등명 법등명'은 팔리 성전이나 장아함 등에 의하면 이미 80세로 늙고 쇠약해져 임종이 가까워진 부처님이 아난다의 간절한 소원에 따라서 설교하였다는, 유언이나 다름없는 몇 가지 말씀 중의 하나이다. 내용인즉 자기 자신 및 불법에만 종교적 실천의 귀의를 구해야지 절대로 남에게 의지해서는 안 된다는 것이다. 이와 같이 자기 자신에게만 의지하여야 한다는 말은 《법구경》을 통해서도 설해지고 있다.

**남을 따라서 스승으로 하지 말라.**
**자기를 잘 닦아 스승으로 삼으면**
**능히 얻기 어려운 스승을 얻나니.**

**너는 너의 귀의할 곳을 만들라.**
**부지런히 힘쓰고 지혜로워라.**
**마음의 더러움이 없는 사람은**
**거룩하고 빛나는 하늘에 날 것이니.**

**나는 나를 주인으로 한다.**
**나 밖에 따로 주인은 없다.**
**그러므로 마땅히 나를 다루어야 하나니,**
**말을 다루는 장수처럼.**

현실 속의 자기 자신을 돌아보면, 우리는 약하고 덧없고 동요하며 앞뒤를 살피고 부화뇌동(附和雷同)하기 쉬운 존재이다. 우리는 무리를 지어서 움직이고 무리의 힘을 빌려서 행동한다. 이것은 결국 자기가 약하기 때문이다. 더구나 그러한 자기의 약함과 주체가 없음을 스스로도 잘 알고 있다. 이러한 자기에게 부처님은 모든 종교적 실천의 짐을 지게 한 것이다. 여기서 불교가 너무 엄격하다든지 가혹하다는 주장이 나온다. 그러나 우리가 어느 누구에게 기댈 것인가. 우리는 고독할 때 자기 자신을 가장 잘 볼 수 있다. 그리고 그 고독을 가장 깊이 느낄 때는 죽음에 임했을 때다. 자기의 고독, 자신의 죽음은 어느 누구도 대신해 주지 않는다. 슬픔도 자기의 몫이며 고독도 자기의 몫이다.

이렇게 말하면 불교가 닫쳐진 인간관에 기초하고 있는 것은 아닌지 오해할 소지가 있다. 결코 그렇지 않다. 우리는 부처님의 가르침, 즉 법을 통해서 타인과 열린 관계를 맺는다. 예컨대 우리는 승가공동체 안에서 단독자인 자아에서 벗어나 에고이즘에서 탈출할 수 있다. 즉 타인 속에서 자기의 존재를 알게 되는 것이다. 이것을 가능하게 해주는 매개체가 불법(佛法)인 것이다.

자기가 자기를 의지하는 것과 마찬가지로 법이 우리들의 의지처가 된다. 타인에게서 귀의할 곳을 구할 것이 아니라, 자기와 법을 등명으로 삼을 때 불교적 삶을 사는 것이다.

넷째 마디

# 맑고 향기로운 세계로

그 옛날 범한 악법을
늘 선업으로써 나온 달과 같이
이 세상을 비추리라

(앙굴마경)

# 불난 집의 비유

불교경전에서는 이 세상의 괴로움 즉 업고(業苦)를 종종 불(火)에 비유하고 있다. 그중에서도 《법화경》 〈비유품(譬喩品)〉에 있는 '불난 집(火宅)의 비유'는 가장 널리 알려진 것 중의 하나이다.

옛날 한 부자가 살고 있었다. 그는 큰 저택에서 많은 하인들과 같이 살며 여러 아이들을 거느리고 있었는데, 그 저택은 오래되어서 거의 부서져 가고 있었다.

이 집에 하루는 불이 났다. 넓은 집이기는 하나 출구는 하나밖에 없었다. 그 출구를 알고 있는 부자는 당장 밖으로 빠져 나왔으나 그의 아이들은 집 안에 불이 난 줄도 모르고 노는 것에 정신이 팔려 나오려고 하지 않았다,

그래서 부자는 아이들에게 지금 놀고 있는 곳이 얼마나 고통

스럽고 위험한 곳인가를 알려 주기 위해 밖에 나가면 양의 수레와 사슴의 수레, 그리고 소의 수레 등 세 가지 즐거운 수레가 있으니 밖으로 나와 놀라고 말했다.

아이들은 그 말을 듣고 밖으로 뛰쳐나왔다. 그런데 나와 보니 세 가지 수레는 없고 커다란 흰 암소가 끌고 있는 아름다운 수레가 하나 있을 뿐이었다.

여기서 말하는 불난 집은 이 세상이며, 불이 난 줄도 모르고 놀이에 정신을 잃고 있는 아이들은 중생을 뜻한다. 또한 거기에서 빠져 나오게 하기 위해 준비된 세 개의 수레, 즉 양이 끄는 수레, 사슴이 끄는 수레, 소가 끄는 수레는 각각 성문(聲聞) · 연각(緣覺) · 보살(菩薩)의 가르침이다.

그리고 그것을 목표로 해서 밖에 나왔을 때 본 흰 암소가 끄는 아름다운 수레는 대승의 가르침을 뜻한다. 가르침은 세 개인 것 같지만 실은 대승 하나 속에 그 모든 것이 포함되어 있다는 비유이다.

이 '법화일대승(法華一大乘)'의 가르침을 활용하고 있는 것이 불난 집으로 비유된 이 세상이다. 즉 이 세상은 곧 삼계인 바 "삼계는 편안함이 없도다.

불난 집과 같도다."라는 구절 〈비유품〉의 본문이 끝난 다음 그 요지를 운문(韻文)으로 읊은 대목에 나온다. 그 뒤에는 "중생의 고통이 가득 차서 몹시 무섭다.

언제나 생사 · 병사의 두려움이 있다. 이 같은 두려움은 불과 같이 항상 타올라 그침이 없다. 여래는 이미 삼계의 불난 집에서 벗어나서 조용하고 편안히 쉬시며 숲에 편안히 거처하신다."라는 설명이 계속되고 있다.

그리고 인간 세계의 괴로움으로서는 빈궁곤고(貧窮困苦) · 애별리고(愛別離苦) · 원증회고(怨憎會苦) 등 여러 가지 고(苦)를 들고 있다.

# 비록 지금은 번뇌 치성한 범부이지만

스스로 안다는 것은 부처님을 아는 일이며 부처님을 믿는다는 것은 스르로를 믿는 일이다. 이렇게 불법 속에 있는 자신을 찾아가는 길을 선도(善導)는 《관무량수불경소》에서 심심(深心 ; 아미타불을 깊이 믿는 마음)을 해석을 통해 설명하고 있다.

그것은 첫째로는 마음속 깊이 '자신은 지금 죄악생사(罪惡生死)의 평범한 인간으로 과거의 긴 시간(曠劫)부터 지금까지 항상 사멸하고, 유전(流轉)하여 떠남(出離)의 인연을 가진 적이 없다'라고 믿는 것이다. 둘째로는 마음 속 깊이 '저 아미타불께서 48원으로써 중생을 감싸 안으심을 의심치 않고 믿으며, 그 원력을 따르면 편안히 왕생을 얻을 수 있다'고 확신하는 일이다.

인간의 존재는 과거 · 현재 · 미래를 일관해서 윤회하는 것이라는 자각을 첫 번째 글은 말하고 있다. 여기에서의 '자신은 지금'은 현재의 자기 육신을 말하며, '과거의 긴 시간부터 지금까지'는 과거의 육신을 뜻한다. 그리고 '떠남의 인연을 가진 적이 없다'라는 것은 미래에도 깨닫지 못하고 생사 유전하는 자신의 존재를 말하고 있는 것이다. 과거 · 현재 · 미래의 삼세(三世)에 걸쳐서 윤회의 존재로부터 해탈할 가능이 전혀 없는 자기를 통찰해서 '기(機)' 즉 근원의 힘을 깊이 믿어야 한다는 것이다.

두 번째 글을 자기는 그러한 윤회의 존재이지만, 깨달음을 얻는 길은 오직 아미타불의 본원력에 모든 것을 맡겨서 구원을 받는 정토(淨土)의 가르침 밖에 없다는 것을 알고 '법'을 깊이 믿어야 한다는 것이다. 선도의 해석처럼 자기의 존재가 윤회의 존재라고 파악할 수가 있는 것도 실은 본원력이라는 진실의 작용에 의해서이다. 본래 부진실(不眞實) · 불청정(不淸淨)한 존재인 자기가 역시 그러한 것이구나 하고 자각될 때에는 이미 자기는 진실에 비추어져 참모습이 나타나 있기 때문이다. 그러므로 '기'의 참다운 마음은 '법'의 참다운 믿음인 것이다.

본원을 쫓아서 염불을 하는 몸이 되어도 일상생활 속에서 갖가지 번뇌를 일으키는 진실하지 못한 자기를 끊임없이 반성하게 될 것이므로 그때마다 본원의 마음에 돌아가서 법의 진실을 계속 찾고 믿어야 하는 것이다.

# 그대도 부처가 될 수 있다

부처님이 입멸 후에도 열반에 들지 않은 것은 《법화경(法華經)》《화엄경(華嚴經)》에도 설명되어 있는데 《대반열반경》에서는 그것을 핵심적인 문제의식으로 다루어 여래의 법신(法身)과 중생과의 관계를 밝히고 있다. 한마디로 말하면 '일체중생 실유불성(一切衆生 悉有佛性)' 즉, 모든 중생들에게는 불성[27]이 있다는 것이다.

여기에서 일체의 생명 있는 것이 모두 부처님이 될 수 있는 것은 지혜를 공통의 본질로 삼고 있기 때문이다. 그리고 생명 있는 것에 불성의 지혜를 준 것은 부처님의 자비에 의한 것이다. 《대반열반경》은 불성과 지혜에 대해서 다음과 같이 설명하고 있다.

27) 불성(佛性): 부처님이 될 가능성 즉 부처님의 소질을 뜻한다. 이것은 여래장(如來藏: 여래의 종자를 배고 있는 것)과 같은 뜻으로 《대반열반경》에서 처음으로 제시하고 있다.

"불성이란 제일의공(第一義空)을 말하는 것이며, 이를 지혜라 한다." "불성이란 곧 모든 부처님의 아뇩다라삼먁삼보리(阿耨多羅三藐三菩提)[28]의 씨앗이다."

앞의 글귀들은 서로 연관을 가지고 있다. 불성은 법신(法身)에 관련되는데 불성이나 법신이나 어떤 실체적인 것을 말하는 것이 아니다. 따라서 무아(無我), 공(空)을 알지 않으면 안 된다. 그러나 무아나 공을 설명했다고 하여 그것으로 일체가 설명되었다고 하는 것도 또한 잘못이다. 무아에는 아(我), 공에게는 불공(不空)이 상대하고 있으며 양자를 모두 뛰어넘은 제일의 공 · 중도(中道)가 지혜의 필요충분조건인 것이다.

한편 《대반열반경》은 지혜를 얻지 않고 다만 앉아서 기다리며 게으름을 피우고 심지어는 악을 범하면서도 불성이 있다고 생각하는 것을 다음과 같이 경고하고 있다. "일체 중생에게 불성이 있다고 하면 이를 이름 하여 착(着)이라 하고, 만약 불성이 없다고 하면 이것을 허망(虛妄)이라 한다." 이것은 우리들이 불성이라는 가능태를 현실태로 높이기 위해서 끊임없는 종교적 실천을 계속해야 함을 강조하고 있는 것이다.

28) 아뇩다라삼먁삼보리(阿耨多羅三藐三菩提): 부처님이 부처님다운 까닭인 지혜의 깨달음을 말하며 위없이 높고 바르고 평등 · 원만하므로 이와 같이 일컫는다. 무상정등각(無上正等覺)이라고도 하며 또 이와 같은 깨달음을 얻으려는 보살의 뜻을 번역해서 '무상진도의(無上眞道意)'라고 한다.

# 구름 사이에서 나온 달과 같이

게으르고 오만했지만
지금은 그렇게 행동하지 않는 사람
마치 구름 사이에서 나온 달과 같이
이 세상을 비추리라.

그 옛날 범한 악업을
늘 선업으로써 덮는 사람
마치 구름 사이에서 나온 달과 같이
이 세상을 비추리라.

이 게송은 코살라국의 살인마 앙굴리말라[29]가 부처님의 교화를 받아 선업(善業)에 전념하는 비구가 되어 읊은 것이라 한다. 그 교화의 경위를 중부경전(中部經典)의 《앙굴마경(鴦崛摩經)》은 다음과 같이 기록하고 있다.

어느 날 부처님은 사밧티에서 탁발을 한 후, 교외로 나가 살인마가 있다는 방향으로 길을 잡았다. 그때 사람들이 부처님의 모습을 보고 불러 세우면서 말했다.

"사문이여, 그쪽으로 가서는 안 됩니다. 그 길 너머에는 앙굴리말라라는 무서운 살인마가 살고 있습니다. 그는 잔인하기 그지없는 놈으로 사람을 죽이는 것을 아무렇지도 않게 생각하는 놈입니다. 사람을 죽여 그 손가락을 잘라서 실에 꿰어 목걸이를 만들어 걸고 다닌다고 합니다. 그쪽으로 가서는 안 됩니다."

그들은 여러 번 이렇게 말하며 가지 말라고 하였지만 부처님은 묵묵히 그 길을 걸어갔다. 마침내 앙굴리말라가 부처님의 모습을 발견했다.

"저놈 봐라. 참으로 신기한 일이다. 요즘은 대개 10명, 20명

29) 앙굴리말라(Angulimāla, 鴦崛摩羅: 사람을 죽이고 그 엄지손가락을 잘라 목걸이를 만들어 걸고 다녔던 인물로 부처님의 교화로 불법(佛法)의 세계로 인도된 불제자. 12세부터 바라문을 스승으로 섬겼으나 어느날 스승의 아내가 유혹하는 것을 뿌리치자 이에 원한을 품은 스승의 아내가 그를 모함하여 스승의 분노를 샀다. 스승은 그에게 1백 명의 사람을 죽여 그 엄지손가락을 걸고 다니면 깨달음을 얻을 수 있다고 거짓말을 하여 그를 흉폭한 사람으로 만들었다.

씩 떼를 짓지 않고는 이 길을 가는 자가 없는데 저 사문은 혼자서 유유히 걸어오는구나. 그럼 저놈을 한번 잡아볼까?"

그리고는 그는 부처님을 쫓아갔다. 그런데 어찌된 일인지 아무리 걸음을 빨리해도 유유히 걸어가고 있는 부처님을 따라잡을 수가 없었다. 그는 다급해져서 소리를 질렀다.

"사문이여, 걸음을 멈춰라.!"

그러자 부처님은 걸음을 멈춰 그를 뒤돌아보더니 말씀하셨다.

"나는 멈췄다. 앙굴리말라여, 그대야말로 멈춰라."

참으로 이상한 일이었다. 부처님의 말씀 한마디에 앙굴리말라는 힘이 쭉 빠지고 말았다. 걸음을 멈추라는 것은 악을 멈추라는 것과 같은 말이었다. 그는 부처님에게 걸음을 "멈춰라."라고 말했고 부처님은 그에게 악을 "멈춰라."로 되돌려 말했다. 이 말이 그의 마음을 흔들어 놓은 것이다. 이때의 앙굴리말라의 느낌을 게송은 이렇게 나타내고 있다.

또 어떤 자는 쇠갈고리나 매로써 바로잡는다.

부처님은 막대기도 매도 들지 않고서 나를 바로잡아 주셨도다.

앙굴리말라는 그 자리에 엎드려 죄를 빌고 부처님의 제자가 되었다.

얼마 후 앙굴리말라가 기원정사에 있다는 소문이 나자 사밧티의 사람들은 흥분하기 시작했다. 이때 코살라국의 파세나디(波斯匿) 왕은 무장을 한 군사 5백 명을 거느리고 기원정사를 찾아왔다. 부처님은 왕을 맞으며 말했다.

"대왕이시여, 오늘은 무슨 행차이십니까? 지금 마가다국을 치러 가시는 길이십니까, 아니면 베살리를 공격하러 가시는 겁니까?"

"아닙니다. 세존이여. 우리는 영토 안에 앙굴리말라라는 흉적이 있는데 사람을 죽이는 등 잔인하기 그지없습니다. 그 놈을 잡으러 온 것입니다."

"대왕이시여, 지금 그가 수염과 머리카락을 깎고 출가한 사문이 되어 살생을 하지 않고 선업에 전념하는 비구가 되어 있다면 당신은 어떻게 하시겠습니까?"

"세존이여, 그가 그렇게 되었다면 나는 그를 벌하지 않고 공양을 올리겠습니다. 그러나 그놈만은 그럴 리가 없습니다."

이때 앙굴리말라는 그 자리에 앉아 있는 비구들 틈에 끼어 있었다. 부처님은 오른손을 들어 그를 가리키며 말했다.

"대왕이여, 저 비구가 앙굴리말라입니다."

왕의 얼굴은 순식간에 새파랗게 질렸다.

"대왕이여, 두려워하지 않아도 됩니다."

부처님의 말을 듣고 나서야 왕은 겨우 안심하고 그와 이야기를 나누며 감화(感化)의 힘을 찬양했다.

이와 같은 일이 소문으로 퍼진 얼마 후 앙굴리말라는 다른 비구들과 마찬가지로 사밧티 마을에 들어가서 탁발을 시작했다. 그 모습을 보고 아직도 그에게 흙을 뿌리고 돌을 던지며 죽은 사람의 앙갚음을 하려는 사람들이 있었다. 그 때문에 때때로 얼굴에 상처를 입기도 했고 때로는 옷이 찢기기도 했다. 얼굴에서 피를 흘리고 있는 그를 보고 부처님은 차근차근 그에게 일렀다.

"성자는 참고 견디어야 한다. 앙굴리말라여, 참고 견디어야 한다. 그대는 지금 옛날에 범한 악업을 보상받고 있는 것이다."

# 자비, 그 끝없는 사랑

원시불교에서 대승불교에 이르기까지 불교의 한결같은 덕은 자비(慈悲)[30]였다. 《관무량수경》에서는 자비를 다음과 같이 설하고 있다.

**불심(佛心)이란 대자비(大慈悲) 바로 그것이다.**
**무연(無緣)의 자비(慈悲)로써**
**모든 중생(衆生)을 섭(攝)한다.**

30) 자비(慈悲): 자비란 '사랑하고 가엾게 여기는 일'을 말하는데 어원을 찾아보면, 자(慈)와 비(悲)는 별개의 말이다. 산스크리트는 자는 'maitri'라고 해서 진실한 우정을 말하며, 비는 'karunā'라고 해서 동정이나 가엾게 여기는 뜻이다. 지금은 일체의 사람들 또는 생명이 있는 것에게 낙(樂)을 주는 것이 자이며, 일체의 사람들 '또는 생명이 있는 것'의 괴로움을 덜어주는 것이 비라는 해석이 일반적이다. 부모가 자식을 대하는 것 같은 순수한 무사(無私)의 애정이 그 예가 된다.

자비는 일체를 사람들에게 베푸는 것이다. 상대방이 자기에게 이익을 주니까, 또는 보답을 기대하면서 그들을 사랑하고 가엾게 여긴다는 것은 세속적인 타산에 지나지 않는다. 자비는 이러한 것이 아니라 일체의 사람들에게 조건 없이 따뜻한 마음을 베푸는 것, 어떠한 상대에게도 아무런 연관이 없는 사람에 대해서도 사랑의 손을 내미는 것이다. 여기에 자비의 종교적 의의가 있는 것이다.

사랑 또는 애정이란 말이 있다. 이 말은 여러 가지 의미로 쓰이는데 일반적으로 '에로스'와 '아가페'로 크게 나누어서 설명하는 일이 많다.

'에로스'는 자기를 위한 자기중심적 사랑이며, '아가페'는 타인을 위한 타인 중심의 사랑을 말한다. 대개 전자는 희랍 철학에 있어서 후자는 기독교에 있어서 주장되고 있다. 여기서 '에로스'는 선(善)과 미(美)의 이데아의 세계까지 승화되고, 기독교의 '아가페'는 하나님의 인간에 대한 사랑, 인간의 하나님에 대한 사랑, 그리고 인간 상호간의 보상을 전제로 하지 않는 사랑으로서 설명되고 있다.

불교에서 사랑(愛)이란 말을 쓸 경우에는 보통 갈애(渴愛)를 뜻한다. 이것은 본능적이고 충동적인 자기의 욕구를 채우려는 작용을 말하며, 번뇌의 근원이 되는 것이다. 따라서 이 사랑은 때대로 미움과 원망으로 뒤바뀐다. 그러나 자비는 이러한 것들을 초월하고 있다.

자비는 고민하고 괴로워하는 사람들에게 스스로 나아가서 따뜻한 손길을 뻗쳐서 그 고통을 함께하고 어루만지는 행위, 마음이다. 인도의 아쇼카 왕은 그 대표적인 인물이었다. 그는 전쟁을 참회하고 보편의 법을 실천할 것을 맹세하는 한편 스스로 자비를 실행하였다.

자(慈)와 비(悲)에 희(喜)와 사(捨)가 보태어지는 경우가 있다. 희는 일체의 사람들이 행복해지는 것을 서로 기뻐하는 것을 말하며, 사는 자 · 비 · 희를 베풀 때 오로지 그것을 베푸는 데만 열중해서 다른 것에 마음을 두지 않는 상태, 즉 자기가 자 · 비 · 희를 베풀었다는 자기만족이나 거만한 마음가짐을 초월하는 것을 말한다. 사란 원래 평안 또는 평정을 뜻하는 말이었다.

아미타불은 이러한 자비의 결정이며, 아미타불의 마음은 대자비 바로 그것이다. 이는 상대를 보아서 그중에 선택해서 자비를 베푸는 것이 아니라 상대와의 연(緣)인, 즉 어떤 연관이 있고 없고를 가리지 않고 일체의 생명이 있는 것을 감싸는 것이다.

이러한 아미타불에 대한 귀의와 믿음이 염불이 되고 나아가 염불삼매(念佛三昧)가 되며, 끝내는 아미타불과 마찬가지로 우리들 한 사람 한 사람의 덕으로 자비가 되돌아오는 것이다. 이러한 자비행을 행하는 사람을 대승불교에서 보살이라고 부르는 것이며, 그 이상은 자기보다도 먼저 타인을 피안(彼岸)에 건너가게 하는 데 있는 것이다.

흔히 불교는 지혜와 자비의 종교라고 말한다. 그중에서도 지혜를 설하는 것이 불교에는 특히 많은 바 자비와 지혜를 별개의 것으로 오해하는 경우도 많다. 그러나 지혜를 설하는 것도 역시 사람들을 고뇌에서 벗어나게 하고, 깨달음과 구원에 이르는 길을 가르쳐 주려는 자비의 실천이다.

어느 날 재가신자인 유마거사가 병을 앓게 되자 부처님은 제

# 중생이 아프면 보살도 앓는다

자들에게 문병을 가도록 했다. 그러나 제자들은 일찍이 유마거사에게 곤욕을 치른 일이 있다며 모두 문병가기를 꺼려했다. 이때 문수보살이 나서서 거사를 찾아갔다.

《유마경(維摩經)》 〈문수문질품(文殊問疾品)〉에는 유마거사와 문병간 문수보살이 서로 질문하고 대답하는 중에 "중생이 아프면 곧 보살도 앓는다."라고 하여 유마거사가 자신의 병이 생긴 원인을 말한 부분이 있다. 이것이 바로 대승불교의 궁극적인 가르침이다.

"중생이 아프면 보살도 앓고, 그들의 병이 나으면 보살의 병도 낫는다."라는 유마거사의 말은 본래 중생들은 진리에 대한 망집(妄執)이라는 병에 걸려 있지만, 어쩌다 몸이 병들어 괴로워하는 일이 있으면 그때 그 병자를 보고 그냥 지나칠 수 없는 것이 깨달음의 길을 걷는 구도자(보살)라는 뜻이다.

그래서 그들은 당장에 병자와 같이 병상에 눕는 몸이 되어서 병자를 심신의 고통으로부터 구해주려고 하게 된다. 병자는 진리에 대한 무지 때문에 병이 든 데 반해 보살은 대비(大悲)의 마음 때문에 앓는 것이다.

대비란 부처님의 자비심을 말하는 것으로 중생의 괴로움을 자기의 괴로움으로 삼고 짊어지고 감으로 이를 '동체(同體)대비'라고 부른다.

보살은 부처님의 대비로서 자신의 이타행의 실천으로 삼는다. 유마거사는 이것을 말하려고 스스로 앓아누웠던 것이다.

《유마경》에 의하면 중생들이 앓고 있는 병의 가장 근원적인 것은 '나'와 '내 것'이라는 아집이며, 모든 것을 이원적으로 파악하여 차별하는 것이라고 한다.

즉 A와 A가 아닌 것, 주관과 객관 등으로 구별 지어서 양자를 대립시켜 보는 것을 말한다. 그러나 원래 이 양자에게 확정된 불변의 본성은 없는 것이므로, 두 가지는 대립적인 둘이 아니며 평등한 것이다. 즉 불이(不二)이다. 마찬가지로 '너'와 '나'의 관계에 있어서 상대방이 되어서 그의 기쁨과 슬픔을 함께하는 것, 이것이 바로 불교적 삶의 중핵이다.

선(禪)에서 말하는 '도처에서 주인이 된다(隨處作主)'는 말도 그

때, 그 장소에서 즉 아집에서 떠난 넓은 안목으로 행동할 것을 가르치고 있다.

주체적으로 산다는 것은 나 홀로 독단적으로 사는 것이 아니라 상대방의 입장에 서서 자신의 아집을 털어내어 진실한 자기를 확립한다는 것을 의미한다.

"그 빛을 부드럽게 하여 티끌세상에서 하나로 동화한다. 이

# 중생의 모습으로 나투는 부처님

를 현문이라 한다(和其光同塵是謂玄門)"라는 말이 있다. 이것은 원래 《노자도덕경》에 나오는 말인데 중국불교에서는 유명한 격언이 되어 불교인 사이에 널리 알려졌다. 예를 들면 《마하지관(摩訶止觀)》에 "화광동진(和光同塵)은 결연(結緣)의 시작, 팔상성도(八相成道)로써 그 끝을 논한다"라는 구절이 있다.

이와 같이 불교에서는 부처님과 보살이 그 본래의 광휘를 부드럽게 하여 중생 곁으로 다가가고, 또는 여러 가지 모습으로 몸을 바꾸어서 구제하는 것을 '화광동진'이라고 한다. 그것은 때로는 아수라가 되기도 하고, 때로는 짐승이나 마귀의 모습으로 둔갑하여 나타나기도 한다.

'화광동진'을 기독교의 '육화(肉化)'와 같은 의미라고 생각할지 모르나 그것과는 다르다. 이 말의 주체는 절대자가 아니라 어디까지나 중생이기 때문이다. 또한 우리들은 초목이나 국토 · 산하 · 대지에서도 부처님의 자비를 느낄 수 있다.

그 빛을 부드럽게 하여 티끌세상에서 하나로 동화한다는 표현에는 마치 부처님의 자비라는 강렬한 빛이 부드러운 빛으로 바뀌어서 구름 사이로 새어 나오는 햇빛과 같이 천변만화(千變萬化)의 빛깔을 띠면서, 또는 엷은 명주로 만든 커튼을 통해 아침 햇살이 방안에 스며들 듯 회화적인 감각까지 어리고 있는 것이다.

세속의 먼지 속에 부처님은 언제 어느 곳에서나 그 빛을 부드럽게 하고 있다. 그 희미l한 빛은 먼지 속에 동화되어 있기 때문에 먼지만을 보고 있는 중생들은 결국 부처님을 보지 못하고 사는 것이다.

한편 약간 뜻을 달리해서 악인 속에 동거하고 있어도 그 악에 물들지 않은 것을 따사로운 빛이 그 먼지와 같이하지 않는다는 식으로 쓰기도 한다. '연꽃은 진흙 속에서 핀다.'라는 말이 이와 비슷하다고 할 수 있다.

사회구조가 복잡한 현대의 거대한 메카니즘 속에 살아간다는 것은 결코 쉬운 일이 아니다. 어떻게 각자가 주체성을 잃지 않고 사는 보람을 찾아가는가 하는 것은 누구에게나 중요하다. 어떠한 환경 속에 내던져지더라도 인간으로서 살아가는 목적이 무엇인가를 확실히 정하고 자기의 길을 걸어가지 않으면 안 된다. 따라서 티끌세상에서 하나로 동화한다는 생활 태도야말로 바람직스럽다고 할 것이다.

그러한 생활 태도를 견지하기 위해서는 가장 엄격한 의미에서의 자신의 주체성이 문제가 될 것이다.

"완전한 믿음이란, 첫째로는 진실로 자기를 실현할 수 있는

# 완전한 믿음

도(道)가 존재함을 믿음고, 둘째로는 그 도를 이미 체득한 사람, 또는 현재 체득하고 있는 사람이 존재함을 확신하는 것에서 시작된다."

《대반열반경》〈가섭품(迦葉品)〉에서는 깨달음을 얻는 원인이 믿음이며, 그 믿음을 얻는 길에는 일곱 가지가 있다고 설하는데 그중 앞의 인용문은 일곱 번째 것이다. 이 구절은 단적으로 불완전한 믿음(信不具足)이란 무엇인가 하는 것을 설명함으로써 완전한 믿음의 길을 가르치고 있다.

대승경전의 대표적인 것 중에 하나인《대반열반경》은 번뇌에 가득 찬 우리 중생도 영원히 소멸되지 않는 깨달음의 세계를 체득할 수 있다고 설한다. 즉 모든 중생에게 부처님의 본성이 갖추어져 있다(一切衆生 悉有佛性)'는 것이다. 이 불성을 어떻게 얻을 것인가 하는 이론적 · 실천적 탐구는 대승불교를 전개시키는 한 조류(潮流)가 되었다.

도(道)란 진실한 자기, 곧 본래의 자기를 실현하는 진리의 길이다. 이것을 불도(佛道) 즉 깨달음으로 향한 길이라고도 할 수 있다. 정토교(淨土敎)에서 말하는 것처럼 아미타불(阿彌陀佛)의 정토에 왕생하여 부처가 되는 길 즉 염불이며, 타력회향(他力廻向)의 믿음을 얻는 가르침이다. 바로 누구나가 부처가 되는 길을 말하는 것이다. 《대반열반경》을 비롯한 대승의 여러 경전에서 강조하는 표현에 따르면 '생사 즉 열반(生死卽涅槃)' 또는 '번뇌 즉 보리(煩惱卽菩提)'라고 하는 것이다.

그렇다면 우리들이 깨달음을 얻는 길은 이 가르침이라고 확신하고, 그 가르침대로 실천해서 믿음을 얻으면 완전한 믿음을 갖춘 사람이 된다고 일반적으로 생각할 것이다. 그러나 머릿속에서 이론적으로 '도(道)' 그 자체를 믿는다고 해도 그것은 완전한 믿음이라고 할 수는 없다. 이것을 다음의 '깨달음을 얻은 자를 믿는다.'라는 말이 명백히 밝혀주고 있다.

'도'를 이미 얻은 사람이란 여러 부처님과 고승들이다. '도'를 얻기 위해 지금 수행하고 있는 사람이란 우리들의 주변에서 볼 수 있는 불도를 행하고 믿음의 생활에 전념하고 있는 사람들을 말한다. 예컨대 불도에 산 사람, 또는 불도에 살고 있는 불교도들이 '득도자'이며, 이 '득도자'가 존재하고 있다는 것을 믿지 않는다면 아무리 '도'가 존재한다는 것을 믿더라도 완전한 믿음이 되지 않는다는 뜻이다. '도'와 '득도자' 두 가지를 같이 믿는데서 불교도로서 믿음의 생활이 전개되는 것이다.

불교에서는 이것을 '법'과 '사람'의 관계로 나타낸다. 그리하여 '사람'을 통해서 '법'을 알게 되는 것이다. 즉, '득도자'를 통해서 '도' 그 자체를 깨우쳐 가는 것이 진리 파악의 구체적인 방법이 되는 것이다. 이 관계는 모든 생활 속에서도 찾아볼 수 있다. 예를 들어 어떤 기능을 가진 전문가의 인품 · 식견 · 행동을 통해서 우리들은 그 사람이 가지고 있는 기술의 본질을 알 수가 있다. 훌륭한 인격을 지니고 있는 사람과 접촉하게 되면 그 인격에 의해서 우리들도 그런 인격을 갖춘 사람이 되어가는 것이다.

# 모든 것을 부처님께 맡깁니다

믿음이란 어떠해야 하는가를 담란(曇鸞)[31]은 "아미타불의 본원(本願)에 따르는 것이 내 생활의 전부이다."라고 그의 저서《정토론주(淨土論註)》의 하권에서 말하고 있다.

다시 말하면 부처님은 우리들로 하여금 진실 된 자기가 되도록 염불에 의한 왕생이란 방법을 완성시켜 베풀어 주셨으므로 우리들은 부처님의 원(願)에 모든 것을 내맡겨야 하며 그 밖에 우리들의 소원을 완성시킬 수 있는 방법은 없다는 것이다.

그렇기 때문에 담란은 생명이 있는 한 부처님의 원에 모든

31) 담란(曇鸞, 476~542)): 중국 북총(北總)의 스님으로 정토교의 개조.《중론》《백론》《십이문론》《대지도론》에 정통했고, 북천축의 보리류지(菩提留支)로부터《관무량수경(觀無量壽經)》의 가르침을 받고 정토교에 전념하여 정토교를 중관사상(中觀思想)으로 체계를 세웠다. 범부의 왕생은 부처님의 원력에 의한 타력으로 가능하다는 타력왕생사상의 기초를 세웠다.

것을 내맡기는 것이 자기 존재를 완성시키는 길이며, 인간 생활의 시작이며 끝이라고 확신했다.

실체가 아닌 공허한 가상뿐인 인간 세계에서는 인간의 사려분별(思慮分別)이 미치지 않는 것이 있다. 더구나 부처님 본원의 세계는 바로 진실의 세계이므로 우리들의 생각을 훨씬 초월한 세계일 수밖에 없다. 이리 생각하고 저리 생각하면서 망설이는 것은 도리어 진리에 사는 길에서 벗어나는 것이 된다.

'불원(佛願)에 따른다.'함은 그래서 그에 순종하는 것이며 자기의 모든 것을 내맡기는 것이다. 그래서 담란은 《정토론주》의 맨 끝에서 "어리석도다. 뒤에 배우는 자여. 부처님을 따르려면 바로 믿음을 가져야 한다. 스스로 판단하려고 하지 말라."라고 말하고 있다. 이것저것 스스로 생각해 봤자 모두 편견에 지나지 않으므로 '맡겨라'라는 진실의 소리를 듣고 그대로 순종하는 것이 믿음이라는 것이다.

# 믿음으로 들어가 지혜로 건넌다

나가르주나(龍樹)[32]는 《대지도론》에서 "불법(佛法)의 큰 바다는 믿음으로 들어갈 수 있고 지혜로 건널 수 있다."고 말한다. 불법은 한번에 건너갈 수 있는 조그마한 개울이 아니니 오직 믿음으로 들어갈 수 있고, 지혜 즉 반야(般若, prajna)로 건널 수 있다는 것이다. 그리고 불법의 바다는 저 멀리 떨어져 있는 것이 아님을 《중론(中論)》에서 다음과 같이 말하고 있다.

"세속의 일은 세속의 진리에 의하지 않고는 최고의 진실을 설명할 수 없다. 최고의 진실에 의하지 않고는 열반(涅槃: 불교의 이

32) 나가르주나(龍樹, Nāgārjuna): 약 150~250년경에 활동했던 남인도 출신 승려로 중관학파(中觀學派)의 시조이며 대승불교 사상을 확립한 인물이다. 그의 저작인 《중론(中論)》은 불교의 근본사상을 연기로 보고 있다. 이에 의하면 일체의 존재는 스스로의 성품이 없으므로(無自性), 독립된 실체가 없다고 강조하고 있다.

상)은 깨우칠 수 없다."

세속의 일이란 우리들의 일상생활의 세계를 말하며, 그것은 보통 말로써 설명, 표현되어진다. 이것은 불법의 큰 바다도 이 세속의 현실에서부터 시작되며 현실이 바로 불법의 큰 바다라는 것이다. 인도불교에서 믿음이란 적어도 나가르주나에 있어서는 소위 절대 의존의 감정이 아니라 정성 즉 진심이며, 성실 또는 순수 · 신뢰이다.

《대지도론》에서는 이와 함께 '신청정(信淸淨)'이라고 말하고, 부드러운 소가죽이나 보물 산에서 자유로이 보물을 취할 수 있는 손을 비유로 들어 설명하고 있다. 우리들은 그러한 순수한 진심을 가지고 세속을 있는 그대로 받아들여서 불법의 큰 바다로 들어서는 것이다. 그런 가운데 생활 속에서 존재에 부딪치고 개별 존재에 부여된 실존의 모습을 알게 된다. 이리하여 일체의 존재는 상호 의존적인 존재로서 자존하는 독립적인 존재가 아니며, 또 존재에 실체가 없다는 것을 깨닫게 된다. 여기서는 일체의 구속이 사라진다. 이때 물론 자기를 중심으로 하는 가장 완고했던 집착이 없어져 버린다. 공의 지혜가 눈앞에 현전하게 되는 것이다.

이처럼 불법의 큰 바다에 믿음을 가지고 들어가서 겸허하고 성실하게 실천에 옮기면 어느덧 일체는 공이라는 것을 지혜를 통해서 깨우치게 되고, 그 큰 바다를 건널 수 있다. 성불의 길은 이렇게 우리에게 다가오는 것이다.

# 여자라고 성불 못하랴

대부분의 경전은 여성의 성불(成佛)에 대해서는 거의 이야기하고 있지 않다. 오히려 여성은 남성의 성불을 방해하는 존재로 표현된다. 그런데 《법화경》〈제바달다품(提婆達多品)〉에는 설화적인 내용으로 여덟 살 난 용왕의 딸이 성불했다고 적고 있다. 그것은 지적보살(智積菩薩)과 큰 바다에 가서 전도하고 돌아온 문수보살 사이에 오간 대화중에서 나타난다.

"《법화경》은 그 뜻이 깊고 미묘하여 여러 불경 중에서도 보배로운 경인데 이 경으로 수행해서 빨리 부처가 된 사람이 있는가?"

"있네. 사갈라(娑竭羅) 용왕의 딸로 여덟 살에 부처가 되었네."

그러나 지적보살은 믿지 않았다. 석가모니조차도 오랜 고행

후에 겨우 깨달음을 얻었는데 그런 나이어린 소녀가 잠시 동안에 정각을 얻었다는 것은 믿을 수 없는 일이었다.

이때, 용왕의 딸이 나타나자 사리풋타(舍利弗)가 말했다.

"여자의 몸은 더러운 것으로 부처가 될 그릇이 못된다. 또 여자의 몸에는 오장(五障)이 있다. 어떻게 여자의 몸으로 그렇게 빨리 성불할 수 있는가?"

이때 용왕의 딸은 대답 대신 보주를 부처님에게 바쳤다. 그러자 부처님이 그것을 받으셨다. 용왕의 딸이 사리풋타에게 물었다.

"제가 지금 보주를 바쳤습니다. 세존께서 받으셨는데 빠릅니까, 늦습니까?"

"아주 빠르다."

용왕의 딸이 다시 사리풋타에게 물었다.

"신력(神力)으로 내가 성불하는 것을 보시오. 그보다도 더 빠를 겁니다."

이렇게 말하자마자 용왕의 딸은 남자로 모습이 바뀌더니 남방무구세계(南方無垢世界)로 가서 부처가 되었다고 한다. 여성이 남성으로 바뀌었기 때문에 이를 '변성남자(變成男子)'라고 말하기도 한다. 이것이 《법화경》 〈제바달다품〉에 있는 여인성불의 내용이다. 사리풋타는 여자의 몸으로 어떻게 성불할 수가 있겠는가라고 용왕의 딸을 비난하지만 지성적인 면으로만 생각하는 한 결코 성불을 이해하지 못한다. 성불은 체험상의 일이기 때문이다.

여자가 남자로 모습을 바꾸어서 성불하였다는 표현에 많은 여성들이 어떤 저항감을 느낄 것이다. 그러나 출가 수행자가 세속의 본성을 버리듯 인습적인 여성의 가치를 스스로 벗어 던지는 '여성이 아닌 것'이 한 번은 이루어져야 비로소 참다운 여성으로서의 삶과 성불의 길이 있는 것이 아닐까? 즉 가부장제 사회에서 길들여지고 굴레 지워진 모든 인습과 여성의 마음속에 도사리고 있는 사랑의 열망을 떠나야 비로소 참다운 여자로서의 삶과 성불의 길이 열릴 것이다.

# 법을 들은 자 남김없이 해탈하리라

《법화경》은 대승불교를 대표하는 가장 중요한 경전이다. 인도 · 중국 · 한국 등 대승불교가 번창한 나라에서 이같이 널리 읽힌 경전은 없을 것이다.

《법화경》의 사상적 중심의 하나는 〈방편품〉에 있다. "법을 들은 일 있는 자는 한 사람도 성불하지 않는 이가 없다."라는 구절은 그중에서도 가장 중요한 게송의 하나이다. 보통 《법화경》은 일승사상(一乘思想)을 설하고 있다고 해설되는데 그것이 〈방편품〉에 있다.

일승사상이란 무엇인가? 〈방편품〉에 설명되어 있는 바를 간단하게 적어본다면 성문승(聲聞乘)과 연각승(緣覺乘)과 보살승(菩薩乘) 즉 삼승이 최후의 일불승으로 귀일(歸一)한다는 뜻이다.

여기서 성문이란 부처님의 가르침을 듣고 깨달음을 얻는 자를 말하며, 연각이란 독각(獨覺) 또는 벽지불(辟支佛)이라고 하여 스스로 깨달음을 얻은 자, 보살은 깨달음을 얻고자 실천을 하고 남을 구하며 그 공덕으로 부처가 되려는 자로 대승불교의 이상이다. 이것들을 일불승으로 통합한 것이 《법화경》 〈방편품〉의 위대한 점이다.

《법화경》의 〈방편품〉 게송 중에 앞에서 인용된 것은 우리가 어떠한 처지에 있을지라도 즉 삼승(三乘) 중의 어느 대목에 해당할지라도 그 모든 사람에게 성불의 가능성을 보증함으로써 우리들과 부처님을 연결시키고 있다.

이것은 우리들의 실천 · 행위 · 존재를 보증하고 있는 셈이다. 이 밖에도 〈방편품〉은 여러 곳에서 중생의 성불 가능성을 설하고 있다.

"무릇, 불자(佛子)를 위해서 이 대승경(大乘經)을 설하고, 이런 사람은 내세에 불도를 이룰 것이라고 기록한다."

"성문 또는 보살들이 내가 설하는 법 가운데 어느 한 구절이라도 묻는다면 모두 틀림없이 성불하리라."

"부처님은 스스로 대승에 머무르며 얻으신바 법(法) · 정(定) · 혜(慧)의 힘으로써 장엄하며 이로써 중생을 구제하셨도다."

"내 본디 굳은 바람의 뜻을 세워 일체 중생으로 하여금 나와 같이 동등하며 다를 바 없게 하고 싶었도다."

"내 옛적 소원 같은 것은 지금은 이미 만족스럽게 이루어져 일체 중생을 모두 불도에 들게 하였도다."

"불자의 길을 걸어간다면 내세에 부처가 될 수 있으리라."

"이들 모든 세존들은 모두 일승(一乘)의 법을 설하여 수많은 중생으로 하여금 불도에 들게 하였도다."

"만약 중생이 있어 모든 과거불(過去佛)을 본받고, 또는 법을 듣고 보시하며, 또는 지계(持戒) · 인욕(忍辱) · 정진(精進) · 선정(禪定) · 지혜(智慧) 등으로써 갖가지 복덕을 닦는 이러한 모든 사람들은 이미 불도를 이루었도다."

그리고 사리(부처님이나 불제자의 유골)의 공양, 사리탑의 건립, 보석을 가지고 탑을 장식하는 일, 사당의 건립, 동자들이 놀면서 모래로 불탑을 만드는 일, 형상의 건립, 대중의 상(相)을 조각, 불상의 제작, 불상을 그리는 일, 동자가 놀면서 나무 · 붓 · 손톱으로 불상을 그리는 일, 탑 · 묘 · 상(像)에 대한 공양, 불덕(佛德)을 노래하는 일, 한 번 불경을 외우는 일 등 모두가 불도를 이루게 하는 씨앗이라고 말한다. 그리고 게송들은 "만약 법을 들은 일이 있는 자는 한 사람도 성불하지 않음이 없으리라."고 끝을 맺고 있다.

이상의 자세한 인용문을 보면 《법화경》 특히 〈방편품〉이 중생에게 여러 가지 방법으로 성불, 즉 불도의 완성을 약속하고 있음을 알 수 있다. 여기에서 우리는 일체 중생에게 여래(如來)인 부처님이 되는 소질이 있음을 강조하는 여래장(如來藏) · 불성(佛性)의 설로 발전해 가는 싹을 볼 수 있다.

그리고 이것은 불교의 인간에 대한 커다란 기대를 뒷받침하고 있는 것이다.

# 부처님이 진실로 원하는 것

"부처님의 대비(大悲)의 마음을 배워라.(學佛大悲心)."

이것은 선도(善導, 613~681)가 《관무량수경(觀無量壽經)》을 4권으로 나누어서 주석한 《관무량수불경소》 제1권 〈현의분(玄義分)〉의 첫 머리에 나오는 시구로, '귀삼보게(歸三寶偈)' 또는 '십사행게(十四行偈)'라고 불리는 게송 중에 나오는 말이다.

선도 이전의 중국불교계는 주로 정토교를 성자의 입장에서 해석하고 있었는데 그는 대중이 구원을 받는 가르침이야말로 정토교라고 주장하고, 염불은 칭명염불(稱名念佛: 아미타불의 명호를 부르며 부처님을 생각하는 염불법)이어야 한다는 입장을 취하였다.

선도가 민중과 함께 하루에도 수만 번을 칭명(稱名)하고 정토에 태어나기를 염원하는 시구를 큰소리로 말하는 종교의식을 행한 것은 정토교의 대중화를 촉진시키는 원동력이 되었다.

선도는 어느 때나 어느 곳에서나 오직 칭명염불을 한다면 그 사람은 정토왕생하게 된다고 설했다. 왜냐하면 아미타불의 본원에 이미 그것이 맹세되어 있고, 칭명염불하는 것이 부처님의 본원에 부 응하는 것이기 때문이라고 한다.

부처님의 본원은 부처님이 갖추고 있는 자비와 지혜의 구체적 현현(顯現)이다. 정토교에서는 특히 부처님의 이타(利他)를 자비의 면에서 해석하고 있다. 즉 그들은 "불심이란 대자비(大慈悲) 바로 그것이다."라는 《무량수경(無量壽經)》의 가르침에 따라 부처님의 본원을 대비의 원이라고 부르고 본원에 부응하는 길은 부처님의 대비의 마음을 배우는 데 있다고 했다.

선도의 '부처님의 대비의 마음을 배운다'라는 태도는 그 후 정토교들의 염불 생활에 중요한 지침이 되었다. 이와 함께 배움, 곧 학문을 한다면 여래의 참뜻을 바로 알게 되고 광대한 대비의 원이 무엇인가도 알게 될 것이다.

처음부터 '믿음을 가지라'고 해봤자 지적으로 본질을 알고 싶어하는 사람에게는 무리한 이야기일 것이다. 특히, 현대의 지식인에게는 더욱 그러하다.

이러한 지적인 사람은 먼저 불경의 뜻을 배우는 것부터 시작하는 것이 좋을 것이다. 그러나 대비의 마음을 배우는 단계까지

가지 않는다면 궁극적으로 배웠다고 할 수 없을 것이다.

불교의 '믿음'의 세계는 학문이나 과학의 영역을 초월해서 근원적인 생명의 세계를 배우는 것을 내용으로 하고 있다. 그리고 이 배움은 끝이 없다. 끊임없이 배우며 생명의 세계를 추구해 가는 것이 바로 불교이다.

# 스스로 믿고 남도 믿게 하라

정토교의 염불신앙사(念佛信仰史)를 들추어 보면 염불자들의 소원은 오직 하나였음을 알 수 있다. 현대에서 인연이 있어 부모와 자식이 되고, 부부가 되고, 형제가 되었는데 그 관계가 저승의 극락정토에 태어난 후에도 똑같이 계속되기를 바란다는 것이다.

과거에서 현재에 이르기까지 우리들은 윤회를 되풀이하여 왔다. 이것은 진리에 대한 무지에서 생긴 것이며 이를 망집(妄執)이라고 한다.

정토교는 이 망집을 염불의 지혜로 없애기 위해서 정토왕생을 설하고 있다. 정토에 왕생하는 것은 지금까지의 윤회를 다시 되풀이하지 않음을 뜻하므로 이승은 마지막 윤회처가 되는 셈이다. 재생이 윤회에서 어떤 하나의 생존을 취하는 것이라면 왕생은 그런 재생과 달리 해탈하는 것이다. 즉 진실한 자기를 실현하여 부처가 되는 것이다.

정토교도들에게 왕생은 해탈을 얻는 것이며, 깨달음의 실현이기 때문에 오히려 현실의 인간생존을 사랑함과 동시에 깨달음의 세계인 정토에 태어나서 참다운 보람을 가지기를 소원하게 했다. 그렇기 때문에 그들은 먼저 자기가 왕생하는 것을 중요시했으며 믿음을 갖는 것이 이승에서의 가장 중요한 일이라고 여겨왔다. 이것은 종교는 개인의 문제라고 생각하는 현대인의 종교관과 일치하는 점이기도 하다.

그러나 종교는 개인의 구원에 관계되는 문제인 동시에 자기 이외의 관련 있는 사람들도 자기와 똑같은 신앙으로 살기를 바라는 이타(利他)의 면도 포함하고 있다.

이처럼 정토교가 '스스로 믿고 남도 가르쳐서 믿게 한다(自信教人信)'는 소원을 설하는 것은 '함께 한 곳인 서방정토에서 만나는 것(俱會一處)'을 목표로 하고 있기 때문이다. 이것은 인간 세상의 모든 사람들은 형제라는 생각에서 유래한 것이다.

# 부처님을 진심으로 믿으면

정토교에서는 부처님의 본원력(本願力)을 만나는 사람은 헛되이 생사유전(生死流轉)하는 일 없이 반드시 본원력에 의해서 왕생한다고 한다.

인도의 대표적인 논사 바수반두(世親)는 정토원생자(淨土願生者)의 한 사람으로서 《정토론》을 저술하고 그 첫머리에 다음과 같이 쓰고 있다.

"부처님의 본원력을 보건대 만나서 헛되이 가는 자가 없다. 능히 공덕대보해(功德大寶海)를 만족하게 한다."

여기에서 '본다'라는 말은 단순한 관찰을 의미하는 것이 아니고 '믿는다'라는 뜻으로 해석해야 할 것이다. 따라서 '본원력을 본다'는 것은 '본원력을 믿는다'는 뜻이 된다.

또 '만난다'는 것은 단순하게 만나고 이별하는 그러한 만남이 아니라 만난 사람들이 서로 믿음으로 연결되는 것이다. 즉 저승에서 부처님을 만나는 것과 같이 이승에서 부처님을 믿는 것이 여기에서 말하는 '만남'이다.

영원한 시간의 흐름 속에서 지금의 현실을 사는 우리에게는 '만남'의 종교적 · 철학적 의의는 참으로 중요하다. 인간 상호간의 믿음과 신뢰가 불교적인 믿음으로 승화되어야 할 것이다.

# 참아야 평화가 있나니

4세기에 인도에서 활동한 아상가(無着, Asanga)[33]는 그의 대표적인 저서로서 일종의 대승불교개론(大乘佛敎槪論)이라고도 할 수 있는 《섭대승론(攝大乘論)》이라는 책을 남겼다.

아상가는 이 《섭대승론》 〈입인과승상품(入因果勝相品)〉에서 여섯 개의 실천(六波羅蜜)을 논하면서 "인욕(忍辱; 욕됨을 참고 안주하여 모든 번뇌를 끊는 것)의 본질은 자타(自他)의 평화"라고 정의하고 있다.

앞의 인용문은 '인욕'의 후반의 정의만을 든 것으로 전반에는 "능히 진에(瞋恚) 및 분한(分限)의 마음을 멸제(滅除)하기 때문에 찬(羼)이라고 이름하며……"라고 되어 있다.

33) 아상가(無着, Asanga, 310~390): 유식불교(唯識佛敎)의 대성자로 유식의 교리로 대승의 체계를 세웠다. 유식을 대성시킨 《섭대승론(攝大乘論)》은 그의 저작중 대표적인 것이다.

자기 마음속에 일어나는 노여움이나 질투를 제거함으로써 자기와 남에게 평화를 가져오는 것이 '인욕'이라는 것이다. 인욕이란 결코 단순히 '견디어 참는 것'에 그치는 것이 아닌, 보다 적극적인 원리인 것이다.

따라서 여기서 말하는 '평화'도 결코 단순히 '다툼이 없는 상태'나 '전쟁이 없는 상태'만을 뜻하는 것이 아니다. 여기에 인용한 글은 한역본의 세 가지 중에서 가장 많이 사용되는 진제(眞諦)의 것을 든 것인데, 다른 번역에서는 평화라는 말이 사용되지 않고 '자타가 안온하게 산다.' (玄奘 譯), '타자방양주(他者彷徉住)' (佛陀扇多 譯) 등으로 '안온(安穩)' '방양(彷徉)' 등의 말이 사용되고 있다. 다른 한역본 역시 마음의 평화라는 색채가 짙다.

오늘날 불교는 평화론에 있어서 기독교에 비해 그 적극성과 구체성이 모자란다고 지적되고 있는데, 여기서 보는 바와 같이 평화에 대한 자세 그 자체는 오히려 더 적극적이라 할 것이다.

앞에서 밝힌 것처럼 〈입인과승상품〉은 육바라밀을 논한 장인데 육바라밀 가운데 특히 이 인욕과 정진의 두 가지 행은 악한 마음을 없애기 위한 실천임을 강조하고 있다. 〈입인과승상품〉은 이것을 "퇴약심(退弱心)의 인(因)에 대응하여 그것을 다스리기 위해서 인욕과 정진의 두 가지 바라밀을 세운다.

퇴약심의 근원이란, 곧 생사에 유전하는 중생이 겪는 험난한 일과 오랜 시간 동안 선법(善法)을 돕는 가행(加行)의 피로에서 오는 게으름이다."라고 적혀 있다.

인생에 있어서의 뜻대로 되지 않음(不如意)과 고(苦), 그리고 오랜 시간에 걸쳐 선행을 행하는 피로와 권태, 이것이 퇴약심의 원인이라고 설하고 있는 것이다.

피와 살로 이루어진 인간이 겪는 고통을 따뜻하게 바라보는 시선을 느낄 수 있는 대목이다.

# 부드러운 얼굴, 고운 말

《무량수경(無量壽經)》에는 법장보살(法藏菩薩)이 48원(願)을 세우고, 그 본원의 완성을 위해서 여러 가지 수행을 행한 일이 기록되어 있다.

대승(大乘)의 구도자가 행하는 수행의 덕목으로서 일반적으로 보시(布施) · 지계(持戒) · 인욕(忍辱) · 정진(精進) · 선정(禪定) · 지혜(智慧)의 육바라밀(六波羅蜜: 여섯 가지의 실천 덕목)을 들고 있다. 법장보살도 이러한 덕목을 수행하는 동시에 공과 자비의 두 가지 덕목을 실천했다.

구도자가 실천하는 것은 내용적으로 차원이 높은 것들이라고 사람들은 생각할 것이다. 그러나 실제로는 우리들 누구나가 할 수 있는 안색을 부드럽게 하고 고운 말로 이야기하는 것(和顔愛

語)이 복덕이 포함되어 있다는 점에 주목할 필요가 있다.

애어라는 덕목은 원시불교 이래 사섭법(四攝法)이라고 불리는 가르침인 보시(布施) · 애어 · 이행(利行: 중생을 이롭게 하는 것) · 동사(同事: 중생과 삶 · 고락을 같이 하는 것) 안에 들어 있다. 이러한 네 가지는 깨달음의 도를 닦는 덕목인 동시에 우리들의 일상생활에서도 실천해야 할 것들이다.

불교에서는 우리들의 행위를 몸(身) · 입(口) · 마음(意)의 셋으로 나누어 삼업(三業)이라고 부른다. 신체적 행위와, 말의 행위, 그리고 마음으로 생각하는 행위의 세 가지를 일컫는 것인데 그것들의 근본이 되는 것은 의업(意業)이다.

그래서 《법구경》에서도 모든 일들의 시작은 마음에 성립되고 마음이 먼저 움직이게 하므로 마음을 잘 다스려야 한다고 가르치고 있다.

앞에서 설명한 '부드러운 얼굴'은 신업(身業)에 해당되고, '고운 말'은 구업(口業)에 속하는 것이지만 이 두 가지의 근본이 되는 의업이 그 뒤에 숨어 있는 것은 당연하다. 그 의업이란 바로 자비심인 것이다.

원시불교에서는 자비의 마음을 몸에 지니기 위한 수행 방법으로 자기 자신이 화를 내지 않는 마음을 가지는 것을 강조하고 있다. 한편 대승불교에서 말하는 자비는 적극적으로 타인에 대하여 자애(慈愛)를 갖고 상대방의 마음과 하나가 되는 것을 뜻한다. 그리하여 상대방의 괴로움을 덜어주고, 즐거움을 주는 것이 자비행(慈悲行)의 참뜻이라고 가르치고 있다.

그러므로 화안애어는 바로 자비심의 발로가 된다. 소극적으로는 화를 내지 않는 태도를 갖는 것이며, 적극적으로는 상대방의 괴로움을 덜어주고 즐거움을 주는 이타행인 것이다. 그러므로 '몸과 마음가짐을 부드럽게 하라'고 하는 것도 '화안애어'와 같은 뜻에서 이다.

# 청하지 않아도 스스로 벗이 되리

보살이 이타행을 실천하는 방법에 대하여 《무량수경》은 "생명 있는 자를 위해 보살은 스스로 나서서 벗이 되어 그들을 깨달음의 세계로 인도하기 위해 마치 무거운 짐을 등에 지고 가듯, 그들을 짊어지고 가는 것을 자기의 사명으로 삼는다."라고 설하고 있다.

또한 《승만경(勝鬘經)》 〈섭수정법장(攝受正法章)〉에도 "보살은 무릇 생명 있는 자를 위하여 상대의 청을 기다리지 않고 자진하여 벗이 되고, 대비(大悲)로써 그들을 사랑하고 위로하여 이 세상 법의 어머니가 된다."라고 설하고 있다.

이타행에 철저한 보살이 벗의 마음을 적극적으로 열게 하여 좋은 안내자로서 상대를 교화해 가는 것은 자비행의 실천 바로 그것이다. 그가 사람들을 진리의 가르침으로 인도하는 '자비의 어머니' '가르침의 어머니'라고 불려지는 이유도 여기에 있다.

우리에게는 서로의 청을 받아서 벗이 되는 경우도 있고, 청하지도 않았는데 자진해서 벗이 되는 경우도 있다.

좋은 벗을 갖는다는 것은 인생에 있어서 얼마나 큰 행복인가. 아난다는 "좋은 사람을 만나는 것은 행복이다."라는 시구로써 스승인 석가모니 부처님을 비롯하여 출가 수행자를 만난 인연을 기뻐했다. 불교경전에는 "사해(四海) 모두는 형제이다."라는 말도 있는데 이것은 인간애 · 동포애의 구체적 표현으로 '불청(不請)의 벗'의 근거라고 할 수 있을 것이다.

불교의 인간관에서 보면 인간은 서로 타인에 의하여 비로소 자기의 존재를 다하는 것이므로 우리들은 '남에 의해서 삶을 받아 사는 존재'라고 할 수 있다. 이미 모든 은혜에 따라 살고 있다고 스스로 깨달았을 때, 남의 은혜에 보답하는 적극적 행위가 스스로 우러나는 것은 당연한 일이다. 따라서 '불청의 벗'이 된 이상 언제까지나 좋은 벗으로서 교제를 해야 한다.

우정을 지속시키는 것도 서로가 아집에서 벗어나 항상 상대방의 입장에 서서 생각하고 행동하는 노력 없이는 불가능하다.

# 번뇌가 곧 보리(菩提)

천태지의(天台智顗)[34]가 쓴 《법화현의(法華玄義)》에 "생사 즉 열반(生死卽涅槃)에 자리하는 것을 이름하여 정(定)이라 하고, 번뇌 즉 보리(煩惱卽菩提)에 달하는 것을 이름하여 혜(慧)라고 한다."라는 구절이 있다.

번뇌란 본능적인 욕망에 의해서 일어나는 마음의 동요를 가리키는 것이다. 이것은 그대로 보리, 즉 깨달음이 될 수가 없다. 그래서 '즉(卽)'이란 글자에 주목해서 '즉' 속에 있는 '움직임'이라든지 '미묘함'을 포함한 망집이 그 사람 마음의 미묘한 움직임에 의해서 깨달음으로 전환할 수가 있다고 한다. 그러나 정신적 전환

34) 천태지의(天台智顗): 중국 천태종(天台宗)의 3조로 혜사(慧思)에게서 법을 받고 천태산에 들어가《법화경》의 정신을 바탕으로 독자적인 체계를 세웠다.

이 없다고 할 수는 없으므로 앞과 같은 해석도 있을 수 있겠으나 '즉'이란 역시 '그대로' 또는 '즉시에'라고 해석해야 할 것이다. 따라서 시간적 경과가 필요한 해석은 옳다고 말할 수 없다. 그렇다면 망집이 어떻게 즉시에 깨달음이 되는 것일까?

망집과 깨달음이 전혀 다른 것이라고 한다면 망집이 동시에 깨달음이 될 수는 없을 것이다. 그렇다면 왜 동질적인 것이 망집인 동시에 깨달음이 될 수 있는 것일까?

이것은 동질적인 것을 다른 두 가지 각도에서 보기 때문이다. 여기서 관찰의 대상이 되고 있는 것은 '인간은 살아가는 것'이라는 점이다. 인간이 살아가는 것을 인간의 측면에서 보면 '망집'이지만 인간을 살아가게 하고 있는 부처님의 입장에서 보면 깨달음이 된다. 그러므로 한 인간이 자기의 인생은 자기 힘으로만 살아가고 있는 것이 아니라 영원한 힘에 의해서 살아가고 있는 것이라는 것을 실감할 수 있을 때 망집 속에 헤매고 있는 자기의 인생이 그대로 깨달음의 인생이라는 것을 알게 되는 것이다. 그렇다면 깨달음을 알면 망집은 없어지는 것인가. 그러나 이제는 깨달음인 동시에 망집의 인생이 있다는 것을 생각하게 된다. 그때 망집과 깨달음이 동시에 겹쳐져 있는 인생이 있다는 것을 보게 되는 것이다. '번뇌 즉 보리'라는 것은 이러한 인생을 뜻하는 것이다.

앞에서 인용한 '생사 즉 열반'에서 생사란 '태어나고 다시 죽고 하여 그침이 없는 망집의 인생'이란 뜻이므로 번뇌를 보다 긴 영속적인 것으로 파악하고 있는 셈이다. 열반이란 것은 자기가 영원한 것에 의해서 살고 있음을 실감한 상태, 바로 깨달음이 영속적으로 계속하는 상태를 의미한다.

천태대사가 이처럼 '번뇌 즉 보리'에 달하는 것을 혜(慧)라고 말한 것은 인생을 보는 관점의 전환을 뜻한 것이다. 또한 '생사 즉 열반'에 자리하는 것을 정(定)이라고 말한 것은 이 전환된 상태가 언제까지나 계속되는 것을 나타낸 것이다. 정이란 바로 마음이 확고하게 결정되어 변하지 않는 것을 말하는 것이기 때문이다.

# 본래 한 물건도 없다

육조혜능(六祖慧能)[35)]은 일찍이 행자 시절 "인간에게 본래 자기의 것이라는 것은 하나도 없다(本來無一物)."라는 게송을 남겼다.

전하는 바에 의하면 혜능은 세 살 때 아버지를 여의고 홀어머니와 함께 가난하게 자랐으며 산에서 나무를 해다 팔아 생계를 이었다고 한다. 그러던 어느 날 한 스님이 《금강경(金剛經)》을 읽는 소리를 들었다. 그리고 자신도 모르게 심장이 멎어 버리는 듯한 느낌을 받았다. 그는 스님에게 그것은 무슨 경이며, 누구에게 배웠는가를 물었다. 그 스님은 혜능에게 "이 경은 《금강경》으로 홍인(弘忍) 대사에게 배웠다."고 말했다. 그는 곧 집으로 돌아

35) 육조혜능(六祖慧能, 638~713): 중국 선종(禪宗)의 제6조로 홍인(弘忍)의 법을 받아 육조대사(六祖大師) · 조계대사(曹溪大師) 등으로 불렸다. 선종을 크게 일으켰으며 남쪽 지방에서 융성했기 때문에 그의 법계를 남종선(南宗禪)이라고도 한다.

가 홀로 계신 어머니에게 출가의 뜻을 밝히고 황매산에 있는 홍인 대사 밑으로 들어갔다. 그때 그의 나이 34세였다.

홍인 대사는 자신을 찾아온 나이든 행자를 보는 순간 큰 그릇임을 알았으나 제자로 삼지 않고 벼를 찧는 일을 맡겼다. 혜능은 불평을 하지 않고 묵묵히 그 일을 수행했다.

몇 달이 지난 후 홍인대사는 부처님의 법을 전해 줄 후계자를 결정하겠으니 각자 깨달은 바를 게송 한 수로 적어 가져오라고 제자들에게 말했다. 그때까지 홍인 대사의 제자 중에서 으뜸은 신수(神秀)였다. 신수는 다음과 같은 게송을 지어 스승과 여러 대중들에게 보였다.

**몸은 바로 보리나무요**
**마음은 맑은 거울과 같나니**
**부지런히 털고 닦아서**
**티끌과 먼지가 묻지 않게 할지어다**

여러 제자들은 크게 감탄하여 감히 자기들이 지은 게송을 내놓을 수가 없었다. 그런데 방아를 찧던 혜능이 이 게송을 듣고 웃으며 그 정도 게송이라면 자기도 지을 수 있다고 말했다. 그리하여 글을 쓸줄 모르는 혜능은 대필시켜서 땅바닥에 다음과 같은 게송을 지었다.

**깨달음은 본래 나무가 아니며**
**밝은 거울 또한 대(臺)가 아니네**
**본래 한 물건도 없는 것을**
**어찌 먼지를 털겠다 하겠는가.**

홍인대사는 이 게송을 보고 내심 감탄하였으나 대중들 앞에서는 "이것도 깨달은 바가 아니다."라고 말하고는 혜능의 게송을 발로 지워버렸다. 그 후 홍인 대사는 조용히 방앗간을 찾았다.

"방아를 다 찧었느냐?"

"다 찧은지 이미 오래입니다. 키질만 하면 됩니다."

그날 밤 늦게 홍인 대사는 혜능을 자기 방으로 불러들여 아무도 모르게 《금강경》을 강의했다.

"머무는 바 없이 마음을 내라(應無所住而生其心)."

혜능은 이 구절에 이르러 크게 깨달음을 얻었다. 이날 밤 홍인 대사는 혜능을 선종(禪宗)의 제6조로 정하고 전법(傳法)의 징표로 가사와 바루를 물려주고 시기하는 자들로부터 피신시키기 위해 남쪽으로 보냈다. 6년 후에 혜능은 인종 법사(仁宗法師)가 있는 법성사(法性寺)에 모습을 드러냈는데 여기서 그 유명한 '바람이 움직이는가 깃발이 움직이는가'의 일화가 이루어졌다. 내용은 이렇다.

혜능이 법성사에 이르렀을 때 인종 법사가 《열반경》을 강의하고 있었다. 마침 갑자기 바람이 불어 깃발이 펄럭였다. 이것을 보고 대중들 가운데 한 사람은 바람이 움직이는 것이라 했고 또 다른 한 사람은 깃발이 움직이는 것이라 했다. 입씨름은 끝을 보지 못하고 결국 인종 법사에게 가서 해답을 구하려 했으나 인종 법사 또한 판단을 내리지 못했다. 이때 혜능이 말했다.

"바람이 움직이는 것도 아니요, 깃발이 움직이는 것도 아닙니다. 바로 그대들의 마음이 움직이는 것입니다."

인종 법사는 그 자리에서 혜능의 제자가 되기를 청했다. 이후 혜능은 조계산을 중심으로 선종의 종풍(宗風)을 드날렸다.

혜능 대사는 인간은 부처님의 생명에 의해 살고 있는 것이므로 자기의 것이란 하나도 있을 수가 없다. 보리(깨달음)라든지 마음(明鏡)이라고 하지만 그것은 자기의 것이 아니다. 망집도 또한 자기의 것이 아니다. 모두가 임시로 나타난 모습에 불과한 것이다. 그러한 것들에 집착하지 않고 부처님이 삶을 주신 그대로 너그럽고 솔직하게 사는 것이 중요하다고 앞의 게송을 통해 전하고 있다. 망집과 깨달음을 초월한 커다란 세계가 거기에 있는 것이다.

# 꺼진 불은 어디로 갔는가

부처님이 사밧티의 기원정사에 있던 어느 날이었다. 이교도 사상가인 파챠(婆蹉)가 찾아와서 여러 가지 이야기를 나누다가 해탈이라는 주제에 이르게 되었다.

"세존이시여, 당신의 가르침에 따라 수행하여 해탈한 자는 어디에 태어납니까?"

"파챠여, 다른 곳에 가서 태어난다는 생각은 옳지 않습니다."

"그러면 아무데도 가지 않는다는 말입니까?"

"간다든지, 가지 않는다든지 하는 생각도 이미 적절치 않습니다."

파챠는 해탈한 자는 죽은 후 어딘가에서 다시 태어난다는 생각 밖에 할 수 없었기 때문에 부처님의 말씀을 도무지 이해할 수 없었다. 그러자 이번에는 부처님이 질문을 하면서 그를 유도했다.

"파챠여, 이번에는 내가 질문을 할 터이니 생각하고 있는 대로 대답해 주시오. 만약 지금 당신 앞에 불이 타고 있다면 그것을 어떻게 보시겠습니까?"

"세존이시여, 그것은 불이 타고 있다는 것뿐이겠지요."

"맞습니다. 그러면 그 불이 왜 타고 있느냐고 묻는다면…?"

"그것은 장작이 있기 때문에 타고 있겠지요."

"그렇소. 그렇다면 이제 그 불이 꺼졌다고 한다면 어떻게 생각하시겠습니까?"

"그것은 불이 꺼졌기 때문이겠지요."

"그러면 파챠여, 그 불은 꺼져서 어디로 갔느냐고 묻는다면?"

"그것은 질문이 이상하지 않습니까? 불은 장작이 있어서 타고 있다가 그것이 다 타서 꺼졌을 뿐인데 꺼진 불이 어디로 갔다고 볼 수는 없지 않습니까?"

대화가 여기에 이르자 파챠는 스스로 자신의 질문이 잘못된 것임을 알고 부처님께 귀의했다.

여기서 부처님은 해탈열반(解脫涅槃)을 설명하고 있다. 열반에 이른다는 것은 죽은 뒤 하늘로 올라가서 다시 태어난다는 것과는 전혀 다른 것이다.

사람들은 이 세상에서 탐욕과 노여움의 불에 타고 있기 때문에 인생을 괴로운 것이라고 생각한다. 다시 말해서 번뇌의 불꽃에 시달리고 있다.

그 번뇌의 모습을 관찰하여 근본을 끊어버린다면 번뇌의 불꽃은 다시는 타지 않을 것이며 거기에서 비로소 맑고 평온한 인생을 찾을 수 있는 것이다.

그것이 번뇌를 해탈해서 열반에 이르는 것이다. 이와 같이 열반이란 불이 꺼진 상태로 불교가 지향하는 궁극적인 이상의 경지이다.

# 고통 받는 생명이 있는 한 열반에 들지 않으리

밝은 지혜를 지닌 보살은 생사에 엉켜 있는 세상의 망집이 다하여 없어질 때까지 항상 사람들을 위하고, 결코 열반에 드는 일이 없다는 보살의 이상을 《반야이취경(般若理趣經)》에는 "보살승혜자(菩薩勝慧者)는 생사가 다할 때까지 항상 중생의 이익을 위하여 열반에 들지 않는다."라고 적고 있다.

17단락으로 나누어서 설하고 있는 이 경전의 끝부분은 여기에 인용한 구절로 시작되는 소위 '백자(百字)의 게(偈)'로 끝나고 있는데 여기서 설하고 있는 취지는 이 현실 속의 진실을 찾아내고 인간 존재 속에 있는 부처님의 모습을 보는 '지혜의 도' 즉 반야의 이취를 요약한 것이다.

여기서는 인간이 갖는 식(食) · 색(色)의 욕망도 그 자체는 하등의 죄장(罪障)도 없으며, 그 자체를 목적으로 삼지 않는 한, 즉 아집으로써 욕망을 추구하지 않는 한 그것을 청정한 것으로 보고 있다. '대욕청정(大慾淸淨)'이라고 일컬어지는 도가 바로 그것이다. 여기서 대용이라고 할 경우의 '대'는 물론 욕망의 양을 말하는 것은 아니다. 욕망의 노예가 되어 그것을 자기 목적으로 삼고, 자기의 아집에 따라서 욕망을 보는 한 그 욕망은 양의 많고 적음, 규모의 크고 작음에 상관없이 '소욕(小慾)'이라고 할 것이다. 욕망을 생존의 기초가 되는 범위에서 취하고, 아집에서 떠나 남에게까지 미치는 행동원리로써 올바로 적용할 때 그것은 비록 사소한 욕망일지라도 '대욕(大慾)'이라고 할 수 있다.

인류 모두의 행복이라는 보편적 과제를 자각하고 그것을 실현시키는 주체는 자신 밖에 없다는 역사적 의식을 가지고 행동하는 것이 바로 보살이다. 보살이 열반에 들어가 부처님이 되지 않는 것은 능력이 부족하기 때문이 아니다. 구원받지 못하는 중생이 있는 한 스스로 열반에 들지 않겠다는 중생 제도의 서원 때문이다. 이러한 보살의 해석이야말로 대승불교에서 보살이 행해야 할 가장 바람직한 모습이기도 하다.

《능가경》에서는 이러한 보살을 '대비천제(大悲闡提)의 보살'이라고 말하고 있다. 모든 중생을 구하는 대비를 위해서는 스스로 성불하지 않는 '천제(闡提: 산스크리트어 icchantika의 음사로 不成

佛을 말함) 보살'을 말하는 것이다. 이러한 보살이 《능가경》이나 《반야이취경》에만 있는 것은 아니다. 특히 지장보살이나 관세음보살은 요절한 어진 사람이나 인연을 갖지 못하고 죽은 자들의 행복을 위해서 스스로 육도(六道)에 있으면서 열반에 들지 않는 보살이다.

천수천안관음(千手千眼觀音)이나 마두관음(馬頭觀音)은 중생을 구하는 데 한 사람도 남기지 않으며 말이나 소까지도 구한다는 보살의 중생 제도의 서원을 잘 나타내고 있다. 그리고 이것은 80세에 열반에 드실 때까지의 석가모니 부처님의 생애와도 통하는 것이다.

# 하루하루가 좋은 날

《벽암록(碧巖錄)》 제6칙을 보면 운문(雲門)[36]선사가 어느 날 제자들에게 던진 질문이 기록되어 있다.

"15일 이전 일은 너희에게 묻지 않겠다. 15일 이후를 한 마디로 표현할 수 있는 말이 무엇이냐?"

그때 제자들은 한 사람도 대답하지 못했다. 그러자 운문 선사가 스스로 대답하여 "하루하루가 좋은 날이다(日日是好日)." 라고 말했다.

운문 선사가 제자들에게 던진 질문은 '오늘까지의 일은 묻지 않겠다. 오늘 이후 너의 생명이 있는 모습을 한마디로 말하라'는

36) 운문문익(雲門文益): 당대(唐代)의 선승(禪僧)으로 설봉의존(雪峰義存)으로부터 법(法)을 받아 광동성(廣東省)의 운문산에서 운문종을 열었다.

뜻이었다. 바꾸어 말하면 '불도를 깨우치기 전의 일은 묻지 않겠다. 깨우친 뒤의 세계를 한마디로 말해 보아라'는 뜻이다.

한마디로 말한다는 것이 어려워 여러 가지로 말해도 좋다고 한다면 무엇이라고 말할 수 있었겠지만 운문 선사는 그것을 허용하지 않고 있다. 깨달음 이전과 이후를 한마디로 나타내라는 것이다.

운문 선사가 말한 "하루하루가 좋은 날이다."에서의 좋은 날은 좋고 나쁜 것을 초월한 날이다. 좋은 날, 나쁜 날의 구별이 있는 것은 자기중심으로 세계를 받아들이기 때문이다.

자기를 움직이고 있는 것은 자기를 초월한 커다란 힘, 영원함을 지닌 어떤 힘이라는 것을 깨닫게 되면 좋고 나쁜 구별은 없어지고 만다. 이때 부처님의 힘으로 삶을 받고 있다고 믿는 것이 중요하다. 이러한 것을 운문 선사는 '15일 이후'라고 말하고 있는 것이다.

우리들은 병에 걸린다든지, 사업에 실패한다든지, 혹은 가족 사이에 불화가 생기면 당장에 그것을 나쁘다고 생각하게 된다. 그러나 그것은 자기중심의 이해타산, 그것도 아주 근시안적인 이해타산에 불과하다.

병에 걸리는 것도 사업에 실패하는 것도 긴 인생에서 보면 통과해 나가야 할 하나의 과정과 같은 것이다. 그런 과정을 밟지 않고 진실한 자기는 확립되지 않는다. 따라서 병에 걸렸을 때는 병을 앓는 것 자체에 철저해서 그 나름대로의 충실한 삶을 사는 것이 중요하다.

우리들의 눈으로 보아서 나쁘다고 보고 불행하다고 생각하는 것을 '부처님이 그렇게 하지 않을 수 없어서 그렇게 하신 것'이라고 마음을 다져 먹는 생활태도가 중요한 것이다.

아마도 운문 선사의 제자들은 "하루하루가 좋은 날이다."라는 이 한마디 말로 수행에 큰 격려를 받지 않았을까? 깨달은 자는 그 깨달음이 부처님에게서 왔다는 것을 알았을 것이고, 그렇지 못한 자는 그 망집이 한 번은 지나가야 할 과정이라는 것을 깨달아 모두가 크게 편안한 마음을 갖게 되었을 것이다.

# 모든 이여, 행복하고 안락하라

부처님의 말씀을 모은 가장 오래된 경전이라고도 하는 《숫타니파타(經集)》에는 "일체의 생명 있는 목숨들이여 행복하자, 평안하자, 안락하자."라는 구절이 있다. 부처님은 곳곳에서 이와 비슷한 설법을 남겼다. "눈에 보이는 것도 보이지 않는 것도, 멀리 또는 가까이에 사는 것도, 이미 태어난 것도, 이제부터 태어나려는 것도, 일체의 생명 있는 목숨들은 행복 할지어다."라는 구절이나 또 "이 세상에 있는 자 중에서 나만큼 행복을 구하고 있는 자는 없다."라는 말도 똑같은 의미이다.

사홍서원(四弘誓願)의 첫째가 바로 '모든 생명 있는 것은 끝이 없지만 모두 제도하기를 서원한다(衆生無邊誓願度)'이다. 이것은 이 세계를 조화 있게 하고 인간을 행복 되게 하려는 것이다. 부처님은 이 영원한 것의 소원을 자기의 서원으로 삼고 "일체의 생명 있는 목숨들은 행복 할지어다."라고 호소하신 것이다.

이것이 인간이 본래 가지고 있는 참모습이라는 것을 현대에 사는 우리들은 더욱 깊이 생각하지 않으면 안 된다. 우리들이 싱그러운 아침에 잠에서 깨어 눈을 뜨면 일체의 것들이 행복하길 서원하지 않을 수 없는 심정이 되는 것은 그러한 부처님의 서원이 항상 우리들을 감싸고 있기 때문이다.

불교도들은 법회에 참석하여 가정의 행복과 본인의 건강을 기원한다. 그때 세계의 평화, 우리 민족 전체의 번영 그리고 인연을 맺은 사람들의 행복도 기원할 수 있어야 한다. 그렇지 않다면 그것은 "세계 일체의 생명 있는 목숨들이 행복 할지어다."라고 서원하신 부처님의 정신에 위배되고 부처님의 서원에 등을 돌리는 일이 될 것이다. 또한 이 생명 있는 목숨은 인간  뿐만 아니라 생명 있는 모든 것들을 포함하고 있다는 것을 잊어서는 안 된다.